아트그램 시리즈 하나

# 소통미학

## 파르페(parfait)의 기술

나성곤 · 문시정 공저

**조직과 사람을 맛나게 만드는 완벽한 기술! 아트그램!**

모든 것이 다 있어도 뭔가 어색한, 그리고 완성되지 못한 조직과 사람에게
'파르페(parfait)'를 외치게 만드는 조직소통과 개인심리의 정수

(주)백산출판사

# 프|롤|로|그

세상에 사람만큼 단순하면서도 사람만큼 복잡한 존재가 있을까?

사람이 단순하다는 것은 매우 연약하여 아프기 쉽다는 뜻으로 이해하고 싶다. 이런 연약한 존재가 복잡함을 겸비(?)하고 있으니 얼마나 힘들겠는가? 그 복잡함의 원인을 그리스철학은 인간이 세 가지 본질적 구성요소를 가지고 있기 때문이라고 설명한다.

그들에 의하면 사람은 영과 혼과 육으로 이루어졌다고 본다. 영이 본질적인 가치나 근원을 추구하는 부분이라면 육은 지금-여기의 만족을 추구하는 부분이다. 프로이트는 이를 '슈퍼에고'(초자아)와 '이드'(원초아)로 표현했다. 이 둘은 항상 싸운다. 그래서 인간은 가만 놔둬도 힘들다. 이 사이에 끼어서 이들을 조정하는 것이 바로 '에고'(자아)이다. 그리스철학에서는 이를 '혼'이라고 부른다. 우리가 흔히 쓰는 말로는 '마음'이다. 그러므로 우리 마음은 항상 바쁘다. 뭔가 고상해지려는, 그에 미치지 못하면 늘 우리를 핍박하는 '슈퍼에고' 그리고 늘 놀고 즐기며 본능에 충실하고 싶은 '원초아' 사이를 어르고 달래며 잘 살게 하느라 말이다.

이처럼 혼자 놔둬도 힘든 인간이 사회나 조직이라는 이름 아래 모인다. 그러니 아픈 마음들끼리 모여 또 얼마나 서로에게 생채기를 내는지 모르겠다. 요즘 사람 중에 80%가 잠재적 우울증세를 가지고 있다는 이야기는 과한 게 아닌 듯하다.

아트그램은 이런 사람의 마음을 다루는 분야이다. 내 안에서 고군분투하는 자아를 먼저 이해하고 이를 건강하게 하는 방법을 익히며 조직 안에서 조직의 갈등을 이해하고 이를 원활하게 하는 작업을 하려고 시도하는 것이 아트그램이다. 이러한 시도를 소통이라 부른다. 그러나 본인의 입장에서는 마음, 즉 자아의 안정과 갈등의 해결에 더 가깝다.

무엇을 하든지 마음이 편해야 한다. 그래야 밥도 맛있고 경치도 눈에 들어온다. 조직도 마찬가지다. 조직의 마음이 편하지 않으면 조직 안에서 사는 것이 '지옥'이다. 매일 지옥에 출퇴근한다고 생각해 보라. 아침이 얼마나 괴롭겠는가?

이 책에서는 이 조직의 마음을 행복하게 만들기 위해 아트그램의 관점에서 많은 이야기를 하게 된다. 모쪼록 이 책을 읽는 분들의 마음이 건강해지고 그 조직의 마음이 행복해지는 일이 많이 일어나기를, 그래서 모두가 '파르페'(parfait)[1]를 완성하는 날이 오기를 진심으로 소망해 본다.

1) 파르페(parfait)는 '완벽하다'는 프랑스어이다. 이는 디저트의 종결판, 최고봉이란 의미로 사용된 것이다. 아트그램은 조직과 개인의 소통에서 파르페(완벽한 행복)를 완성하는 기술이다.

목차

# CONTENTS

## CHAPTER 3

## 소통이란 무엇인가?



## CHAPTER 4

## 아트그램을 통한 조직소통



## CHAPTER 5

## 아트그램을 통한 조직소통의 실제

## CHAPTER 6

## 아트그램 프로그램의 실제

CHAPTER

1

# 사람이란 무엇인가?

# 사람이란 무엇인가?

## 우리는 무엇인가?

사람이란 무엇인가? 이 문제는 인류가 지속적으로 스스로에게 던진 가장 근본적인 질문이다.

철학하는 분들은 어떻게 생각할지 모르겠지만 인간의 문제는 결국 세 가지로 압축된다. '나'를 이해하는 문제, '나 이외의 것'(대상)을 이해하는 문제 그리고 '나와 나 이외의 것을 초월하는 것'(초월적 대상)을 이해하는 문제이다. 이 세 가지 중차대한 문제의 근본, 나머지를 이해하는 열쇠는 역시 '나 혹은 인간'에 대한 이해이다. 왜냐하면 나의 이해가 대상에 대한 이해를 낳고 대상의 이해가 바르게 이루어질 때 초월이라는 주제를 비로소 다룰 수 있기 때문이다.

색채학에서 사물의 원래 색이 무엇인지 알 수 없다는 전제가 있다. 색이란 결국 빛의 반사에 의해 나에게 전달되는 감각인데 우리가 인식하는 것은 그 사물이 반사하는 색인지, 즉 그 사물이 나타내고 싶은 색인지, 아니면 그 사물의 실제 색인지는 아무도 모른다는 것이다.

예를 들어 '붉은 장미'가 있다. 그러나 이는 그 장미가 붉게 보이고 싶은 것이다. 그래서 여러 가지 색깔을 가진 빛 중에서 나머지는 흡수하고 붉은색만 반사하는 것이 우리 감각기관에 전달되어 비로소 '붉은 장미'가 되는 것이다. 이놈(?)이 사실은 '회색 장미'일 수도 있다.

'사실'(fact)은 없다. 인식과 해석이 있을 뿐이다. 더 정확하게 표현하면 진짜 '사실'은 그 누구도 알 수 없다. 이를 인식하고 해석하는 것을 통해서만 대상을 이해하기 때문이다. 그래서 사실보다는 이를 인식하는 '나'를 이해하는 것이 더 중요한 것이다.

시월드(?) 이야기를 좀 해볼까? 시어머니가 지긋지긋하게 미운 사람이 있다. 보기만 해도 현기증이 나고 밥맛이 싹 사라진다. 그러나 그 시어머니가 이웃에게는 '친절한 영자씨'이다. 옆에서 보면 구역질이 나지만 사람들은 그 모습이 진짜인 줄 안다. 그녀가 일하는 직장에서는 '능력 있는 보스'이다. 신기하다. 일은 잘 하는가 보다. 무엇보다도 시누이들에게는 '절대적인 보호자요, 사랑의 화신'이다. 나에게 그 반만 아니 반의반만 해줘도 좋겠다.

여기서 어느 것이 진짜 시어머니인가? 미안하지만 모두가 다 맞다. 대상들 각자가 인식하고 있는 시어머니에 대한 해석인 것이다. 그들에게는 그것이 진리이다. 그러므로 무엇이 문제인가? 시어머니가 문제인가? 속으로 100% 맞다고 하겠지만 결국 나의 문제이다. 내 인식과 해석의 체계가 어떤 이유로 인해 뒤틀어진 것이다. 내 관점이 이웃의 관점이 되면 독사 같은 시어머니가 금방 '친절한 영자씨'가 된다. 어떨 때 보면 모르는 것 없는 능력자가 된다.

그래서 '나'를 바로 이해하는 것이 가장 중요하다고 하는 것이다. 나를 이해하면 내가 보이지만 대상도 보인다. 나와 대상을 알면 그 사이의 '다리 놓기' 작업을 훨씬 수월하게 할 수 있다. 이는 '초월적 대상'에 대한 이해도 마찬가지이다. 신에 대한 이미지는 신 자신이 하는 것이 아니다. 신을 이해하는 내가 평가하는 것이다. 내 마음이 편하면 대자대비(大慈大悲)한 신이 보인다. 그러나 내가 불편하면 나를 심판하고 어렵게만 만드는 존재가 부각된다.

너무 말이 길었다. 이만큼 '나'(인간)에 대한 정확한 이해가 중요하다는 의미이다. 그런데 정말 문제는 '열 길 물속은 알아도 한 길 사람 속'은 알기가 너무 어렵다는 것이다. 나를 모르니 대상이나 초월적 대상에 대해 이해한다는 것이 얼마나 어렵겠는가? 그래서 사는 것이 힘든 것이다. 나도 나를 잘 모르는데 어찌하겠는가?

많은 심리학자들이 '나'(인간)를 이해하기 위해 수많은 시도와 노력을 하였고 여전히 이 과제는 현재진행형이다. 이 책에서는 '아트그램'(Art-gram)이라는 관점에서 사람을 이해하고자 한다.

'아트그램'이 뭐지? 필자가 만든 말이다. 에니어그램(enneagram)적인 인간 이해와 미술치료(Art-therapy) 이론을 결합하여 사람의 마음이 건강하고 행복해지도록 돕는 심리상담학적인 시도를 말한다. 조직소통을 이야기하면서 웬 '아트그램'인가? 조직도 결국 사람이기 때문이다. 앞서 말한 것처럼 '나'(인간)에 대한 바른 이해가 바른 조직의 이해와 소통을 낳고 역동적인 조직의 완성을 가져오는 것이다.

특별히 이 책은 조직을 리드하는 리더의 입장에서 조직소통의 이해와 해법에 대해 이야기해 보려 한다. 이를 위해 인간과 아트그램을 좀 더 자세히 이야기해 보고 조직에 대한 새로운 관점을 살펴본 후, 구체적인 조직소통과 리더십에 대한 아트그램적인 방법을 나누어보겠다.

## 왜 사람 마음은 알 수 없는 '한 길'인가?

'열 길 물속은 알아도 한 길 사람 속은 모른다.'

이 말은 인간(?)을 많이 접할수록 더더욱 진리로 다가오는 말이다. 그만큼 인간은 다양하고 복잡한 구조 속에 존재한다. 왜 그럴까? 왜 인간이 이토록 이해하기 힘든 것일까? 우리 모두 수많은 페르소나(persona)를 쓰고 있기 때문이다.

'페르소나'란 그리스 어원의 '가면'을 나타내는 말로 '외적 인격' 또는 '가면을 쓴 인격'을 뜻한다. 스위스의 심리학자이자 정신과 의사인 '카를 구스타프 융'(Carl Gustav Jung)이 만든 용어로 에트루리아의 어릿광

대들이 쓰던 가면을 뜻하는 라틴어에서 유래했다. 융에 따르면 페르소나가 있기 때문에 개인은 생활 속에서의 자신의 역할을 반영할 수 있으며 따라서 자기 주변 세계와 상호관계를 맺을 수 있다. 자신의 고유한 심리구조와 사회적 요구 간의 타협점에 도달할 수 있기 때문에 페르소나는 개인이 사회적 요구에 적응할 수 있게 한다.

결국 인간은 대상과 관계할 때, 즉 살면서 항상 '페르소나'를 쓴다는 것이다. 마치 붉은 장미가 붉은색의 빛을 반사하면서 자신이 붉은 장미인 것처럼(?) 사는 것과 같다. 문제는 장미는 한 개의 '페르소나'를 가지고 있지만 인간은 대략 9개로 정리될 수 있는 가면을 쓰고 산다. 그중에서 자주 사용하는 가면이 2~3개 정도 되지만 나머지 가면도 없는 것이 아니다. 그래서 헷갈린다. 이런 것 같았는데 그것도 아닌 것 같고 저런 것 같았는데 알고 보니 다르다. 자신조차도 무엇이 진짜인지 잘 알지 못할 때가 많다. 그래서 열 길 물속이 더 만만하게 보이는 것이다. 이 부분에 대해서는 다시 뒤에서 이야기해 보자.

이처럼 내가 주로 쓰는 가면, 사회생활에 잘 적응해서 살아남기 위해서 쓰는 가면을 '성격'이라고 부른다. 가면이 여러 가지이듯 성격도 여러 가지이기에 내 안에서도 이 성격이 역동한다. 이를 '성격역동'이라고 부른다.

이 성격의 다이내믹이 평온하고 안정된 사람을 우리는 원만한 사람 혹은 성격 좋은 사람이라고 부른다. 반대로 이 다이내믹이 불안하고 편차가 크면 '성격 더럽다'고 말한다.

하지만 성격은 결국 사회에 적응하기 위한 내 삶의 수단이다. 그 자체로는 좋다 나쁘다 가치판단을 할 수 없다. 그 자체의 특징이 분명하고 기능도 다 다르고, 다 나름의 이유와 가치가 있기 때문이다. 그러나 이 성격의 다이내믹에 문제가 발생하면 사회에 잘 적응하기 위해서 선택한 성격이 오히려 사회적응에 문제를 일으키게 하는 원인이 된다.

내 개인적인 경험으로 조직 가운데 있을 때 능력이나 다른 것으로 조직 적응이나 소통에 문제가 일어나는 경우는 적다. 대부분의 조직문제는 불안한 성격 역동의 충돌 문제이다. 즉 더러운 성격을 가진 놈(?) 때문에 직장 생활하기가 힘든 것이다.

어디에나 꼭 있다. 직장 때려치우고 싶게 하는 '그 인간'. 그러나 처음에 했던 이야기를 토대로 하면 문제는 누구에게 있는가? '나'에게 있다. 내 개인의 성격 다이내믹도 있지만 조직 안에서, 관계 안에서의 다이내믹도 있다. 그 다이내믹이 불안하고 편차 조절에 실패하면 이런 고백(?)이 나오는 것이다. '그 인간 때문에 직장 생활 못 하겠다.'

그러나 이런 가면과 선택이라는 관점에서의 성격은 내가 선택한 것이기에 충분히 변화나 조절을 할 수 있다. 지랄 맞은(?) 성격, 좀 더 학문적이고 점잖게 이야기해서 '성격역동이 불안정한' 사람이라도 새로운 선택의 동기와 기술이 부여된다면 성격을 바꿀 수 있다.

필자도 어릴 때는 정말 초울트라 극강 내성적 성격이었다. 말하고 접축하는 것이 불편하고 싫었다. 더 정직하게 이야기하면 세상이 좀 유치하다고 느꼈기 때문이다. 난 항상 너무 고차원적인 사고를 하는 자(?)였기 때문이다. 그래서 하루에 말 두 마디만 하고 살 때가 많았다. "다녀오겠습니다." 그리고 "잘 다녀왔습니다." 오죽하면 돌아가신 어머니 소원이 아들 목소리를 실컷 들어보는 것이었겠는가?

말을 안 하다 보니 말이 서툴렀고 말하려고 하면 가슴부터 쿵쾅대기 시작해서 더 말을 하지 않았다. 그런데 대학 들어가면서부터 이렇게 살아서는 안 되겠다는 생각이 들었다. 나의 위대함을 만방에 알리려면 좀 더 표현하는 것이 자연스러워야겠다고 결심했다. 그래서 대학생활에서 처음 가입한 곳이 '연극동아리'였다. 내가 연극을 하다니, 지나가던 강아지가 웃을 일이었다. 그러나 난 연극을 했고 그것도 아주 잘했다. 이후 말쟁이가 되어서 세상을 살아간다. 초등학교 시절에 나를 알던 친구들은 천지개벽이라고 할 것이다.

성격은 살기 위한, 그것도 잘 살아내기 위한 스스로의 선택이다. 그러므로 얼마든지 바꿀 수 있다. 그 불안정한 역동들도 충분히 안정시킬 수 있다. 그것이 아트그램이 추구하는 첫 번째 목표이다.

이 이야기는 '아들러'의 이야기와 일맥상통한다. 우리는 '탓'을 많이 한다. 일이 안 되면 '조상 탓'이다. 내가 잘 안 된 것은 '부모 탓'이다. 지금 생각해 보면 그때 '그놈(?)' 때문에 내 인생이 틀어진 것 같다. 이는 '프로이트적인 발상'이다. 현재의 상황이나 심리적 모양이 과거의 사건에 그

뿌리를 두고 있다는 것이다. 더 학문적으로 이야기하면 '(과거의) 무의식'의 영향력 아래 있는 것이다. 이러한 '탓'하는 인생에 브레이크를 건 사람이 바로 '아들러'이다. 프로이트가 전적으로 틀렸다는 것은 아니다. 그러나 현재가 과거의 결과물이라 할지라도, 미래는 현재의 결과물이라는 것이다. 그 미래를 낳는 현재의 동력을 아들러는 '목적'이라고 보았다. 비록 과거가 매우 '구리고(?)' 그래서 현재가 암울하다 할지라도, 미래는 '지금-여기서' 내가 어떤 목적을 설정하느냐에 따라 달라질 수 있다는 것이다.

물론 여기에는 어느 정도의 '용기'와 '격려'가 필요하다. 그리고 '삶의 스타일'을 바꾸고 세계관에 대한 변화도 필요하다.(이 이야기는 너무 많은 지면이 필요하다. 틀림없이 다음 기회가 올 것이다.) 그러나 그의 주장의 핵심은 새롭고 바른 목적을 설정할 수만 있다면 지금부터 다시 새로운 삶의 방향으로 나아갈 수 있다는 것이다. 아트그램도 여기에 전적으로 동의하며, 새로운 삶의 방향을 설정할 수 있도록 돕는 것이다.

성격역동과 아트그램에 대해서는 다시 꼼꼼히 살펴보자. 지금은 인간의 개관적인 이해를 먼저 하는 시간이다.

## 인간에게는 성격도 있지만 기질도 있다

인간에게는 성격(personality)도 있지만 기질(temperament)도 있다. 기질에 대한 개념은 2세기에 그리스 의사인 갈레노스가 처음으로 만들었다. 갈레노스는 피 · 점액 · 황담즙 · 흑담즙 등의 4가지 체액이 몸을 이루는 기본이라는, 초기의 생리학 이론에서 이 개념을 발전시켰다. 한 개인에게 이 4가지 체액 중 상대적으로 어떤 것이 더 우세하냐에 따라 각각 다혈질(온화하고 쾌활함), 점액질(움직임이 느리고 냉담함), 우울질(우울하고 상심에 잠겨 있음), 담즙질(반응이 빠르고 성미가 급함) 등의 기질을 나타낸다고 보았다. 한마디로 인간 성격과 존재의 기초, 이 모든 것을 담아내는 그릇을 '기질'이라고 볼 수 있는 것이다. 최소한 여기서는 그렇게 이해하려 한다.

태어나 살면서 잘 살려고 그리고 살아내려고 선택하는 심리적 방법이며, 후천적 선택에 의해서 형성된 것이 성격이라면, 기질은 무엇인가? 그리고 이 기질은 어떻게 형성된 것인가? 그리고 이 기질이 우리의 삶에 그리고 성격과 어떤 역동(상호관계)을 하게 되는가?

기질이란 우리의 심리적 그릇이다. 더 정확하게 말하면 처음 형성된 마음의 뼈대와 같다. 이 뼈대 위에 마음의 살이 붙는데 그것이 바로 성격이다. 그러므로 성격보다 기질이 훨씬 근원적인 역동을 가지고 있다.

성격이 매우 급한 사람이 있다. 조금도 참지 못하고 자신의 감정을 그대로 드러낸다. 이 때문에 지속적인 지적과 공격을 받으며 심지어 불이익을 겪기까지 했는데도 불구하고 고쳐지지 않는다. 이는 성격적 문제인가? 기질적 문제인가? 참 구별하기 어렵다. 그러나 위에서 이야기한 성격에 대한 기본적인 이해를 하고 있다면 곧 구별해 낸다.

성격은 관계에서 표현되는 것이다. 내가 태어나서 사회적 동물이 되면서 하루하루 관계하는 사람이 늘어난다. 그 관계 속에서 무척이나 힘들고 어렵다. 늘 이야기하지만 그래서 삶이 힘들다. 요즘 사람들에게 물어보면 삶을 가장 힘들게 하는 것은 돈이고 다음은 건강, 당당 3위는 관계이다. 그만큼 사람과 사람 사이의 관계가 힘든 것이다. 심지어는 자신과 관계하며 자신을 다루는 것이 힘들어 정신분열(요즘은 조현병이라고 부른다.)을 앓는 사람이 얼마나 많은가?

어쨌든 그것이 강하든 약하든, 선하든 악하든 간에 관계성 속에서 표현되는 것은 성격일 가능성이 매우 크다. 선택한 관계적 방법론으로서의 성격이 긍정적이든 부정적이든 우리는 선택한 방법론으로 끊임없이 관계하고 아파한다. 살려고 한 미숙한 선택 때문에 더 아파지는 것이다. 성격역동적 심리 치료는 이 부분을 다룬다. 그런데 놀랍게도 관계를 떠날 때는 이 성격적 결함들이 나타나지 않는다. 즉 혼자 있을 때는 '지랄'(?)하지 않는 것이다.

그러나 기질은 관계에서 나타나지 않는다. 혼자서도 '지랄'(?)한다. 괜히 힘들고, 괜히 아프고, 괜히 슬프다. 아트그램에서는 이 부분을 '기질'의 문제로 이해한다. 이런 기질은 어떻게 형성되었을까? 대상관계학파의 대모인 '멜라니 클라인'이 이 부분을 명쾌하게 설명했다. 그녀는 이를 'phantasy'라고 말했다. 인간이 태 속에 있는 10개월의 기간에 이미 아이는 세상을 향한 정보를 받아들이고 세상에 대한 자기구조화를 시작한다는 것이다. 필자는 이것을 '기질'로 해석한다.

태교가 중요하다. 배 속에서는 철없이(?) 정신줄 놓고 있는 시간이 아니다. 이 속에서 외부에 대한 정보를 그대로 받아들이고 자신을 심리적으로 구조화하는 시간이다. 그 정보가 긍정적이고 영양가 있는(?) 것이라면 아이의 기질은 매우 긍정적이고 발전적이며 밝게 구성된다. 그러나 반대라면 부정적이고 비관적이며 투정 부리는 마음의 결이 생기게 되는 것이다.

어떤 기질이든 태어났으면 살아야 한다. 그래서 성격을 택하게 된다. 이 기질과 성격이 서로 잘 맞으면 사람이 전체적으로 역동적이고 밝은 사람이 될 가능성이 크다. 같이 있으나 혼자 있으나 태도와 상태가 비슷하다. 그러나 어떤 이유에서인지 기질과 다른 방향의 성격을 택하게 되면 문제가 여기서부터도 발생한다. 내 안에서의 갈등과 고민이 생기는 것이다. 보통은 비슷한 것을 택하지만 전혀 다른 방향을 택했다면 그/녀의 성장환경이 순탄하지 않았다는 의미일 것이다. 그런데다 관계 속에 있을 때와 관계 밖에 있을 때가 다르다면 이 때문에도 괴리감과 자괴감이 들 수 있고 타인에게도 이상한 이미지로 각인될 수 있는 것이다.

## 우리는 대체 무엇인가?

기질이든 성격이든 다 환경을 수용하고 환경에 적응해 가려는 인간의 몸부림이라고 할 수 있다. 기질은 태내(胎內)에서부터, 성격은 살아가면서의 시도이다. 그래서 사는 것이 힘들다고 하는 것이다. 한순간도 쉬운 순간이 없기 때문이다.

인간이 왜 이리 힘들게 살아야 하는지에 대한 이유를 가장 잘 설명한 사람은 '마르틴 하이데거'라고 할 수 있다. 그는 인간이란 존재를 '피투성(彼投性, Geworfenheit)'으로 표현했다. 인간이란 자신의 의도와는 상관없이 이 세상에 던져진 존재라는 것이다. 아무런 준비 없이 알몸으로 전혀 알지 못하는 세상 가운데 던져졌으니 얼마나 힘들겠는가? 그야말로 '피투성이'가 될 수밖에 없는 것이다.

이런 '피투성'의 인간은 그래서 실존적으로 '불안할 수밖에 없다. 이것이 모든 인간 마음의 저변에 불안이 존재하는 이유인 것이다. 우리는 일이 잘 안 되면 당연히 불안하지만, 일이 잘 되어가는 데도 불안한 것은 바로 이런 존재론적인 이유 때문이다.

하이데거는 이 존재론적인 불안을 해결하기 위해 자기 존재의 의미를 이해하면 된다고 한다. 그러면 불안을 해소하고 원래의 존재 의미대로 회복될 수 있다고 말한다. 이를 '기투(企投, Entwurf)'라고 말한다. 우리가 사용하는 말로 번역하면 '미래를 향한 발돋움'이라고 할 수 있다.

아트그램은 이러한 기질과 성격을 파악하고 자기 기투적 의미를 발견하게 하는 실용심리학적인 기법이라고 할 수 있다. 다음 장에서는 아트그램이 무엇인지를 조금 더 자세히 알아보고자 한다.

## 아트그램은 무엇인가?

아트그램이란 사람을 크게 세 부류로 이해하려는 시도이다. 사람을 움직이게 하는 주된 에너지가 어디에 보다 더 많이 집중되어 있고, 어떤 부분에서 더 민감한지를 통해 분류하는 것이다.

사람을 움직이게 하는 에너지는 주로 머리, 가슴, 배에 집중된다고 한다.

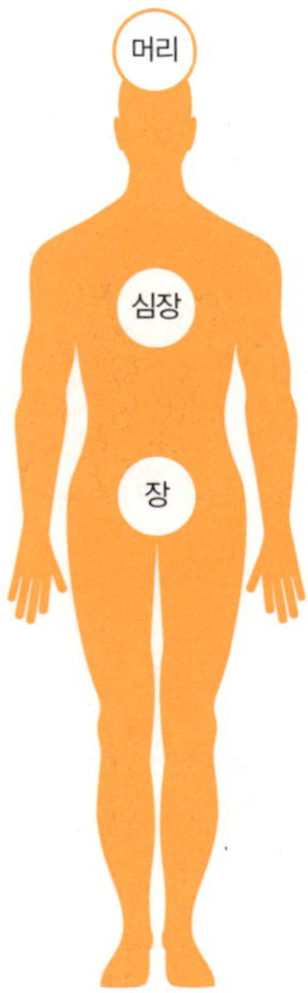


머리에 집중된 에너지는 '이해'를 추구하려는 에너지이다. 그러므로 이 유형의 사람들은 이해되어야만 혹은 최소한 지적 호기심과 자극이 부여되어야만 움직이게 된다. 이들을 '머리형 인간'이라 부른다. 머리형 인간은 또다시 세 가지 유형으로 세분화된다. 그 이유는 움직이는 동력은 같지만 그 방향이 달라지기 때문이다.

아트그램에서는 이를 목적중심적으로 서술해서 '사고-연구형(Thinking-investigator type : TI), 사고-안정형(Thinking-loyalist type : TL), 사고-재미추구형(Thinking-enthusiast type : TE)'이라고 부른다. 이들은 모두 공통적으로 지적 호기심에 자극되고 이해를 향한 욕구가 강하다. 그러나 이들 이면에는 다른 유형보다는 더 강한 불안이 늘 존재한다. 이 불안으로 인해 그들은 자신의 개인적인 스타일을 더욱 활성화시키고 더 깊이 빠져가려고 한다.

머리형의 중심유형인 TI는 불안을 더 많이, 더 깊이 알아감으로써 해소하려 한다. 그러나 다재다능(多才多能)한 스타일이 아니기 때문에 한 분야에 집중하여 보상받으려는 경향이 강하다. 본의 아니게 TI 중에서 학자들이 많이 나오는 이유가 여기에 있다. 그러나 이들은 학자가 되려고 연구하는 것은 아니다. 근본적인 불안의 해소가 그 동인이다.

TL은 불안에 더 집중하는 스타일이다. 그래서 그 불안을 직접적으로 해소하려고 노력한다. 삶의 안정적인 방법론(way)에 치중하는 경향이 강하다. 이들에게는 변화 그 자체가 위험신호가 된다. 때로는 안정을 방해하는 것들에 대해 강력한 저항을 나타내기도 하는데 이들이 만일 이런 저항을 나타냈다면, 매우 처절하고 지독한 결과를 초래하기도 한다. 하지만 이런 경우는 매우 드물고 최선을 다해 드러나지 않게, 모나지 않게, 스스로의 안정을 지켜가는 스타일이다. 그래서 이들은 변화가 가장 적은 직업군을 선호한다. 공무원과 같은?

TE는 사고형 중에서는 매우 특이한 형태를 지니고 있다. 이들의 목적은 동일하게 불안을 해소하려는 것이지만 그 방법론으로 '재미'라는 것을 사용한다. 재미를 위해 열정을 다해서 움직이기 때문에 매우 활동적인 사람으로 보이지만 사실은 사고형이다. 또한 머리를 사용한 활동이기 때문에 매우 우수한 결과를 만들어낸다. 무엇을 하든지 거의 전문가 수준까지 간다. 하지만 이들의 단점은 곧 흥미를 잃는다는 것이다. 흥미를 잃으면 불안이 다시 찾아오기 때문에 또 다른 흥미요소를 향해 움직이기 시작한다. 옆에서 지켜보는 사람들에게 다소 이해할 수 없는 부분이 있으나 본인에게는 생존의 문제이기 때문에 뭐라고 하기가 힘들다.

이들의 지적 에너지의 흐름도 그 방향에서는 서로 차이가 난다. TI는 내적 지향 에너지 타입, TL은 내외의 에너지를 조절하는 성향의 타입 그리고 TE는 외적 지향 에너지 타입이다.

머리(이해)가 동인의 기초인 사람들에 비해 가슴(감정)이 삶을 이끌어가는 동력인 사람들이 있다. 이들은 '감정-자기중심형(Feeling-individualist type : FI), 감정-성취추구형(Feeling-achiever type : FA), 감정-도움형(Feeling-helper type : FH)'이다. 이들을 움직이게 하려면 먼저 감정적 변화가 이루어져야 한다. 말 그대로 'feel'이 통하지 않으면 움직이기가 매우 힘든 타입이다. 그러나 한번 감정적 변화와 에너지가 생기면 그 어떤 유형들보다 폭발력을 발휘한다. 또한 이들의 근본적인 내면에는 강력한 '인정 욕구'가 자리하고 있다. 이것이 좌절되면 그들의 삶은 곤두박질친다. 이를 잘 사용한다면 이들의 역량을 충분히 발휘하게 할 수 있다. 고래도 춤추게 하는 '칭찬'이 이들에게는 진정 특효약이다.

FI는 매우 특이한 사람들이다. 아니 특이해지려고 노력하는 사람들이다. 이런 유형들은 다른 사람들과 같다는 것 자체가 스트레스이다. 그래서 단 하나라도 자신만의 '독특함'(unique)을 찾기 위해 노력한다. 그 독특함을 예술적으로 인정받아 뛰어난 예술가로 사는 사람들이 많다. 그리고 어떤 분야에서의 통찰력도 뛰어나다. 왜냐하면 사물을 보는 관점 자체가 독특하기 때문에 다른 이들이 볼 수 없는 것들을 보는 눈이 있다. 그래서 어떤 일을 해도 잘 한다. 그러나 이들은 어떤 결과와 업적을 달성했다고 해서 행복해지지는 않는다. 이들의 궁극적인 목적은 바로 '인정받기'이기 때문이다. 그래서 어느 날, 훌쩍 잠수를 타버린다. 이런 행위 자체가 인정을 위한 노력이다. 만일 잠수를 탄 그/녀에 대한 관심이 사라지면 정말 생에서 사라지는 선택(자살?)을 하기도 한다.

FA는 모든 것이 FM(이 말의 어원은 어디서 왔을까?)이다. 이들은 모든 것을 잘 한다. 아니 잘 하려고 몸부림친다. FI가 'unique'(독특성)에 목숨을 건다면 FA는 'success'(성공)에 목숨을 건다. 그가 해놓은 일에 대한 사람들의 칭찬과 격려가 너무 좋기 때문이다. 이러한 에너지가 지나치게 되면 성공을 위해서 타인을 밟고 일어서는 것도 서슴지 않는다. 그래서 이들이 때로는 조금 비열하게 보일 때가 많다. 찔러서 피 한 방울 나오지 않을 것처럼 살지만 혼자서는 너무 괴로워한다. 이들도 감정형이기 때문이다. 유명한 CEO가 갑자기 자살하는 경우가 있는데 이는 거의 FA의 경우이다. 성공을 향해서 달려왔고 어느 정도 성공했다고 생각하는 순간, 위로 올라가야 할 길이 까마득하게 보인다. 지금 자리를 지키기 위해서 타인을 아프게 했기 때문에 아래에서는 비난의 눈초리가 가득하다. 진퇴양난(進退兩難)의 어려움 속에서 결국 어리석은 선택을 하는 것이다.

FH는 외적 에너지 지향성을 가지고 있기 때문에 타인을 향한 관심을 표현한다. 그래서 타인을 돕는 것을 매우 즐거워한다. 대부분의 사람들이 이들을 칭찬한다. 그래서 이들은 자기 것이 하나도 없이 사라져도 행복해 한다. '인정받기'를 완성했기 때문이다. 우리가 알고 있는 인류를 위해 위대한 헌신을 한 분들이 거의 이 유형이다. 대표적으로는 '마더 테레사'를 꼽는다. 그러나 이들이 이런 시도를 통해서도 인정받지 못한다면 매우 어리석은 짓을 하기도 한다. 잘못된 보증으로 삶의 구렁텅이에 빠진 사람들이 있다. 이들은 거절하지 못한다. 친구를 잃기 싫기 때문이다. 더 정확하게 표현하면 '친구가 나를 좋은 친구로 인정하는 것'을 포기하지 못한다. 그래서 돈을 갚지 않은 사람, 믿지 못할 사람임을 알면서도 돈을 빌려주고 보증도 서준다. 이 때문에 너무나 큰 삶의 고통을 겪고도 그 친구가 다시 오면 또 돈을 빌려주고 다른 보증도 서준다. 극단적인 경우 같지만 우리 주변에 이런 FH가 꽤 많다.

FI는 에너지가 항상 자기 쪽으로 흐른다. 그래서 자기중심적인 혹은 다소 이기적인 모습들이 드러난다. 소위 말하는 나쁜 남자/여자들이다. FA는 안과 밖을 조절하는 타입이다. 그래서 사실 늘 힘들다. 왜 그리 사나 싶지만 그리 살 수밖에 없는 역동이다. FH는 밖으로 흐르는 에너지 타입이라 나보다 남을 늘 의식하고 생각한다. 그러지 말라고 하지만 말을 듣지 않는다.

가장 역동적인 유형은 역시 '배(혹은 장)형'이다. 이들은 움직여야 직성이 풀린다. 반대로 이들이 움직이지 못할 상황이라면 삶의 고통이 그들을 덮치게 되는 것이다. 이들은 크게 '행동-도전형(Acting-challenger type : AC), 행동-평화형(Acting-peacemaker type : AP), 행동-개혁형(Acting-reformer type : AR)'으로 나눈다. 이들의 외적 에너지는 '액팅'(acting)이지만 내적 에너지는 '두려움'이다. 늘 무엇인가 두려운 이들은 먼저 공격하면서 그 두려움을 떨쳐버리려고 하는 경향을 보인다.

AC는 늘 대장이 되려고 한다. 대장이 아닌 자신을 용납하지 못한다. 왜냐하면 누군가의 지배를 받는 것에 대한 두려움이 늘 존재하기 때문이다. 거칠고 강력해 보이지만 어느 순간 한없이 약한 모습이 드러난다. 그 내면의 두려움이 드러날 때이다. AC는 경계가 분명하다. 그/녀의 경계는 자기 영향권 아래의 사람과 영향권 밖의 사람이다. 영향권 아래의 사람에게는 대장의 풍모를 보여주려 하지만, 영향권을 벗어났다 싶으면 사정없이 공격한다. 대부분 리더의 자리에 있지만 그렇지 못하다면 분쟁이 시작점이 되기도 한다.

AP는 평화주의자이다. 늘 웃지만 사실 웃는 게 웃는 게 아니다. AP는 위장한 AC라고 할 수 있다. 그의 성장과정에서 강력한 AC를 경험하게 되고, 살기 위해(?) AP로 위장한다. 그래서 자신의 의견이 분명하지만 절대로 먼저 자신의 의견을 내놓지 않고, 늘 대세(?)에 따른다. 주변에 사람이 많지만 진짜 친구는 몇 명 되지 않는다. 자신을 진정으로 드러내는 일에 익숙하지 않기 때문이다. 그렇기에 스트레스가 많다. 이들이 앓는 주된 심리적 질병 중에 '우울'이 대부분인 이유도 여기에 있다. 이들이 화나면 '수동적 공격'을 한다. 아무도 그가 왜 화났는지 모르지만, 화난 그/녀는 화가 풀릴 때까지 아무것도 하지 않으려 한다. 마치 소가 고집부리고 꼼짝도 하지 않듯이 말이다.

AC가 외적 에너지 방향을 가졌다면 AP는 조절하는 에너지이다. 그러나 AR은 내적으로 그 에너지를 돌린다. 그래서 주로 자기 공격이 취미이다. '넌 왜 이 모양이니?' '왜 이 따위로 일을 했니?' 등등. 자기 자신에게 하는 소리이다. 그래서 AR은 잘 웃지 않는다. 모든 것이 불만이기 때문이다. 그/녀의 정해놓은 틀은 그/녀 자신도 맞추기 힘들 정도로 팍팍하다. 그래서 '액티브'형인 것이다. 다만 그것이 무엇인가 강력한 방해를 통해서(주로 AC일 가능성이 크다.) 행동하기보다는 말로 풀어가는 경우가 많아졌다. 한마디로 너무 많이 말을 하는 잔소리꾼이 된 것이다. 이런 부모나 배우자와 사는 사람들은 참으로 힘들다. 매사 '조언(?)'으로 넘쳐나기 때문이다.

이렇게 사람을 크게는 세 가지 에너지, 구체적으로 아홉 가지 유형으로 구별해 보려는 시도가 바로 '아트그램'이다. 이 아트그램은 사람을 평가하는 도구가 아니다. 그랬다면 '에니어그램'이라고 불렀을 것이다.(사실 에니어그램도 그런 것이 아닌데 사람들이 많이 오해하고 있다.) 아트그램은 사람을 이해하는 도구이다. 그리고 그 사람의 장단점을 파악하고 이를 효율적으로 사용하며 살 수 있도록 돕는다. 또한 관계 속에서 일어나는 심리적 역동들과 갈등들도 다루게 한다. 어찌 보면 삶의 행복을 위한 가장 중요한 시도라고 할 수 있다. 서두에서 이야기한 것처럼 인간의 문제는, 더 정확하게는 인간이 다룰 수 있도록 허락된 문제는 나와 타인과의 관계에서 일어나는 문제가 대부분이기 때문이다.

## 넌 누구니?

이 9가지 유형의 사람들은 사실 외모에서도 확연한 차이를 보인다.

TI(Thinking-investigator type : 사고-연구형)는 전통적으로는 '부엉이'같은 이미지를 가지고 있다. 한 분야에 관심을 가지고 그 분야에 대해서만 집중하다 보니 외모에서도 세련된 면이 없다. 사실 외모에 관심이 없다. 그래서 처음 보는 사람들은 TI에 대한 매력을 느끼지 못하는 경우가 많다. 그러나 특정 분야에 대한 그의 해박한 지식과 체계를 알아채기 시작하면 진정한 TI의 매력 속으로 빠져든다. TI의 대표적인 인물은 '아인슈타인, 스티븐 호킹 그리고 빌 게이츠 등'이라고 할 수 있다.

아인슈타인

스티븐 호킹

빌 게이츠

모두 자신의 분야에는 천재적인 재능을 나타낸다. 그러나 사실 이러한 재능은 천재성이라기보다는 자신의 내적 불안을 보완하려는 몸부림에서 기인한다. 이들이 머리가 뛰어난 것은 사실이지만 보통 사람들보다 노력의 부분에서 남다르다고 할 수 있다. 자신의 내적 불안의 크기가 그만큼 크기에 그 노력 또한 어쩔 수 없이 커지는 것이다.

지적 깊이에 있어서는 이들을 따를 사람이 없지만 이들은 현실성이 떨어지는 경향이 있다. 집안에 쌀이 떨어져가는데도 탐구욕에 빠진 '선비' 같은 태도를 보일 때가 많다. 이들의 탐구욕이 만일 결실을 보지 못한다면 삶의 궁색함에 빠져 살거나, 너무도 평범하게 자신의 재능을 나타내지 못하고 사는 사람이 될 가능성이 크다. 또한 이들은 삶의 속도도 매우 떨어지는 경향이 있다. 운동적 능력이 떨어지는 것이라기보다는 너무나 깊은(?) 생각을 하기 때문에 움직이는 시간이 많이 걸린다. '완전한 이해'가 없으면 출발하지 않는 경향 때문이다. 이를 스스로나 타인이 잘 이해한다면 다른 사람들보다 시간적 여유를 많이 주는 것이 필요하다. 사안에 대해서 완전히 이해하고 확실한 계획을 세우게 된다면 실수 없이 처리할 수 있기 때문이다. 하지만 항상 속도 때문에 이런 그의 완벽함(?)을 인정받지 못하는 경우가 많다.

TL(Thinking-loyalist type : 사고-안정형)은 매우 차분한 외모를 지닌 경우가 많다. 우리나라로 치면 '맏며느리' 같은 느낌이라고 할 수 있다. 그래서 일단 외모도 주변에 안정감을 준다. 스스로가 절대적으로 이 안정감에 매달리기 때문이기도 하다. 복장도 매우 정석적이다. 항상 차분하게, 정돈되게, 일반적인 옷으로 선택한다. 한마디로 튀지 않는 것이다. 대표적인 사람으로는 미국의 대통령이었던 닉슨이다. 이런 TL 유형의 성향에 정확하게 부합하는 그의 유명한 말이 있다. "상황이 어떻게 되든 나는 내 의무를 다하겠다."

닉슨 대통령

배우 안성기

이들은 항상 주변으로부터 칭찬을 듣는다. 이것이 그들에게는 엄청난 안정감을 준다. 또한 이들이 있음으로 인해 주변은 큰 안정감을 부여받는다. 그러나 이들이 그 '안정감'을 위협받게 될 때에는 내면의 에너지가 발동하여 무척이나 강력한 일을 해낼 때가 있다. 단순히 힘을 내는 정도가 아니라 치밀하게 상황을 반전시키는 매력도 있다. 오직 성실함과 철저함으로 말이다.

이런 TL 남성이 아주 자유분방한 FI(감정-자기중심형) 여성을 만나 결혼한 커플이 있었다. 어떻게 TL이 이런 결정을 하게 되었는지 모르겠다. 늘 기복이 있고 주변에 불안함을 전해주는 FI인데 말이다. 이것이 바로 사랑의 힘인가 보다. 문제는! 결혼 후에도 FI는 자신의 능력(?)을 백분 발휘하여 독특성으로 늘 어디 가든지 주목을 받았다. 점점 불안해지기 시작한 TL이 드디어 안정추구의 강력한 에너지가 발동한 것이다. 그는 아내가 '바람'을 피고 있다는 확고한 결론을 내리고 아내의 모든 것을 철저히 감시하기 시작한다. 나의 안정감을 깨는 아내는 이미 적이 된다. 이 케이스는 불행하게도(?) 아내가 깨끗했다. 그러나 이미 안정감의 에너지가 과도하게 발동한 남편은 아내의 불륜 현장을 잡기 위해 남자를 사서 아내에게 접근시킨다. 결국 아내의 불륜 증거를 잡은 남편은 모든 자료를 수집해, 이혼당하는 아내가 아무것도 가지지 못하도록 한 뒤 헤어진다. 가장 극단적인 모습을 보인 TL이지만 그만큼 TL에게는 '안정감'을 추구하는 것이 중요했던 것이다.

TE(Thinking-enthusiast type : 사고-재미형)는 참 재미있는 사람이다. 어디서나 재치를 발휘해서 분위기를 행복하게 만든다. 그러나 이것은 타인을 위한 행동이 아니다. 자신의 불안을 극복하려는 의지이다. 재미있지 않으면 불안이 떠오르고 그 불안을 감당할 수가 없다. 그래서 TE는 항상 재미를 추구한다. 그러나 그/녀의 재미는 영원하지 못하다. 그래서 새로운 재미를 찾아 떠난다. 늘 새로운 것을 하고 있는 그를 보면 신기할 따름이다. 대표적인 인물로는 배우 '짐 캐리'가 있다. 미국의 대통령 '존 F. 케네디'도 이 유형에 속한다고 한다.

배우 짐 캐리

미국 대통령 존 F. 케네디

이 유형은 다재다능하다. 이들은 추구하는 분야에서는 거의 전문가 수준이 된다. 왜냐하면 이들은 사고형이기 때문이다. 그러나 문제는 이를 지속하지 못한다는 것에 있다. 그래서 한 분야의 최고가 될 즈음에 새로운 분야를 시도하기 시작한다. 차라리 '짐 캐리' 같은 배우는 늘 새로운 분야를 간접적으로나마 도전해 볼 수 있는 기회가 있기에 보다 더 수월하지만, 일반적인 사람이라면 참으로 걱정되는 삶을 사는 것처럼 보일 수도 있다. 우리나라에서는 배우 '한예슬'이 한 방송에서 자신의 이런 성향적인 고민을 토로한 적이 있다.

TE는 '카사노바'(?)가 많다. 이들은 한 여자가 눈에 들어오면 불타오른다. 그를 얻기 위해(?) 놀라운 지성과 철저한 계획을 사용한다. 모든 여자들이 결국 그에게 넘어가지 않을 수 없다. 그러나 문제는 그가 그녀의 사랑을 얻은 이후이다. '재미와 관심'이 급격히 사라지기 시작한다. 급기야 TE 남성은 그의 사랑에게 이렇게 고백한다. "나는 너를 사랑하기 때문에 헤어져야 한다!" 개떡(?) 같은 말 같지만 TE에게는 진지한 고백이다. 왜냐하면 관심과 흥미가 사라진 연인에게 그가 얼마나 차갑게 대할지 그는 알기 때문이다.

감정형들은 머리형들보다는 조금 더 드라마틱(?)하게 생겼다. FI(Feeling-individualist type : 감정-자기중심형)가 있으면 어디서든지 알 수 있다. 독특하기 때문이다. 이들은 머리끝부터 발끝까지 남들과는 다른 것을 추구한다. 같다는 것 자체가 이들에게는 고통이다. 왜냐하면 이들의 중심에는 '인정욕구'가 이글거리기 때문이다. 대표적 인물로는 가수 마이클 잭슨이나 배우 조니 뎁 등을 들 수 있다.

가수 마이클 잭슨

배우 조니 뎁

누구나 이들의 독특함을 인식하고 인정한다. 그러나 그것이 칭찬이 아닌 경우도 많다. 그래도 이들은 그 독특함을 향한 행진을 멈추지 않는다. 마이클 잭슨이 늘 변화를 추구하다가 결국 건강상의 문제까지 일으킨 것은 그 속에 이런 역동이 있었기 때문이다. 그렇기에 이들은 감정적 요동이 격심하다. 늘 감정의 일렁이는 파도 속에서 살기 때문에 삶 자체가 힘들다. 이를 해소하기 위해서 이들이 택하는 방식은 주로 '잠수타기'인 경우가 많다.

FA(Feeling-achiever type : 감정-성공추구형)는 같은 감정형이지만 외모가 FI와는 사뭇 다르다. 이들은 항상 깔끔하다. 늘 성공이미지를 나타내려고 하기 때문이다. 왜냐하면 이들은 FI처럼 독특함으로가 아니라 '일의 성공에 대한 인정'으로 심리적 안정을 추구하려 하기 때문이다. 그래서 일에 더욱 매달린다. 일도 잘 한다. 그러나 인생이 내 맘같이 흘러가지 않듯이 자신의 성공을 다른 사람들이 그대로 인정해 주지 않을 때가 있다. 왜냐하면 이들은 성공을 위해서 때로는 비열한 방법까지 사용할 때가 있기 때문이다. 대표적인 인물의 이미지로는 유명한 방송인 '오프라 윈프리'가 있다.

오프라 윈프리

빌 클린턴 대통령

이들의 이미지는 '성공'이다. 그러나 그 성공이 자신이나 타인으로부터 확정받지 못할 때, 이들은 낙심하게 된다. 유명한 CEO가 어느 날 갑자기 자살을 시도했다고 한다. 그가 뭐가 부족해서 그랬을까? 그는 성공을 위해서 달려왔다. 그러나 어느덧 나이가 들어버렸다. 위를 보니 가야 할 길이 아득하다. 아래에서는 성공만을 위해 달려간 그의 행보로 인해 많은 비난이 들려온다. 삶의 에너지가 사라져버린 것이다. 그래서 결국 삶의 이유를 잃어버린 그들이 극단적인 방법을 택한 것이다.

FH(Feeling-helper type : 감정-도움형)은 매우 긍정적인 이미지를 가지고 있다. 왜냐하면 이들의 동력은 '타인을 도와줌으로써 사람들로부터 받는 인정'이기 때문이다. 그래서 있는 곳에서 늘 도움이 되는 사람이 되려 노력하고 자신의 도움이 필요한 사람에게 절대적인 헌신을 보인다. 대표적인 사람으로는 '마더 테레사'가 있다. 우리나라에서는 '션과 정혜영' 씨가 이런 이미지를 나타낸다고 할 수 있다.

마더 테레사

션과 정혜영

때문에 이들의 절망은 그들의 타인을 향한 노력이 인정받지 못함에서 온다. 극단적인 경우가 하나 있다. 어떤 FH가 있었다. 그런데 그에게 아주 나쁜 친구가 있다. 돈을 빌리면 갚지 않는 친구이다. 그런데도 FH는 이 친구에게 계속해서 돈을 빌려주게 된다. '좋은 친구'라는 인정을 받기 위해서이다. 결국 이런 사람들은 '빚 보증'의 늪에서 헤어나지 못하게 된다. 주변에 이런 친구 있으면 돈을 빌리러 가라. 100% 성공하게 된다. 없으면 빌려서라도 준다. '좋은 친구'로서의 이미지를 버릴 수 없기 때문이다. 이들의 선의를 가볍게 평가하는 것이 아니다. 이들의 내적 역동이 어떠한지를 설명하는 것이다.

AC(Acting-challenger type : 행동-도전형)는 금방 알아볼 수 있다. '보스의 모습'을 가지고 있기 때문이다. 큰 덩치, 굵은 선, 강한 목소리가 이들의 상징이다. 원래 타고난 외모이기도 하지만, 살면서 이렇게 되어가기도 한다. 있는 곳에서 대장이 되어야 하기 때문이다. 이들의 중심에는 '두려움'이 있다. 이대로 있다가는 지배받을 것이라는 두려움이다. 그래서 먼저 지배하려 든다. 대표적인 사람은 마르틴 루터 킹 목사, 우리나라에서는 배우 박근형 씨 같은 외모의 사람이다.

마르틴 루터 킹 목사

배우 박근형씨

마르틴 루터 킹 목사는 늘 다음과 같이 소리쳤다. "나는 내 운명의 주인이다!" 멋진 말이다. 그러나 그 내면의 역동에는 지배받는 것에 대한 두려움이 있다. 그래서 루터 킹 목사는 억압받는 현실을 참지 못하고 일어선 것이다. AC들의 리더십은 인정해야 한다. 그러나 AC들이 지나친 불안에 휩싸일 때 보스적으로 지배하려 하고 심지어는 독재자로 군림하려고 한다. 자신의 역동을 잘 다스린다면 큰 인물로 거듭날 수도 있다.

AP(Acting-peacemaker type : 행동-평화형)는 언제나 조직을 뒷받침하려 한다. 그가 있으면 의견이 조율되고 대부분의 일들이 원활하게 진행된다. 선이 굵고 덩치가 크기는 하지만 언제나 웃고 있어서 무섭거나 다가서기 힘들지는 않다. 그러나 이들 중심에는 역동적인 지배 에너지가 동일하게 있다. 그 에너지가 더 큰 에너지에 부딪혀서 숨어들었을 뿐이다. 대표적인 인물로는 심리학자 '카를 융'과 배우 '최불암' 씨의 외모를 가진 사람들이다.

심리학자 카를 융

배우 최불암

'카를 융'이 한 유명한 말이 있다. "나는 드러나지 않으며 그저 흐름을 따른다." AP가 하는 유명한 삶의 태도이다. 이들의 삶의 태도를 비꼬는 이야기가 있다. 어느 날 회사에서 부서원 전체가 점심식사를 하러 간다. 오늘따라 AP는 짬뽕이 너무 먹고 싶다. 그런데 부장이 아마 AC인가 보다. 앉자마자 큰 소리로 "오늘은 짜장 먹지?"라고 말한다. 분위기가 싸해진다. 특히 FI 같은 경우에는 대놓고 싫다고 한다. 이 분위기를 AP가 바로잡는다. "자~ 자~ 오늘은 모두 짜장면 한 번 먹어봅시다. 이 집 짜장면이 기가 막히게 맛있다고 합니다." 그리고 AP는 집에 가서 아내에게 짜증 섞인 고백(?)을 한다. "우리 부장 왜 그래?"

이들은 자신의 이야기를 분명히 하는 습관을 들이는 것이 정신건강에 매우 유익하다. 직접 할 수 없다면 다른 곳에서라도 자신의 마음을 쏟아놓는 곳이 있어야 한다.

AR(Acting-reformer type : 행동-개혁형)도 만만치 않다. 이들도 동적 에너지로 가득한 사람들이다. 그런데 더 강력한 에너지에 밀려 이것이 안으로 밀려들어갔다. 이 에너지가 자신을 괴롭힌다. 늘 어떤 '틀' 속에서 살고 그 '틀' 때문에 힘이 들다. 급기야 그 틀을 주변 사람들에게 강요하기 시작한다. 순수하게 '입'으로 말이다. 이런 유형이 옆에 있으면 귀가 참 힘들다. 늘 잔소리를 들어야 하기 때문이다. 그래서 AR들은 살도 안 찐다. 아니 못 찐다. 늘 자신과 타인을 괴롭히기 때문이다. 대표적인 개혁가 성향의 사람으로는 인도의 간디, 우리나라의 김구 선생이 있다.

간디

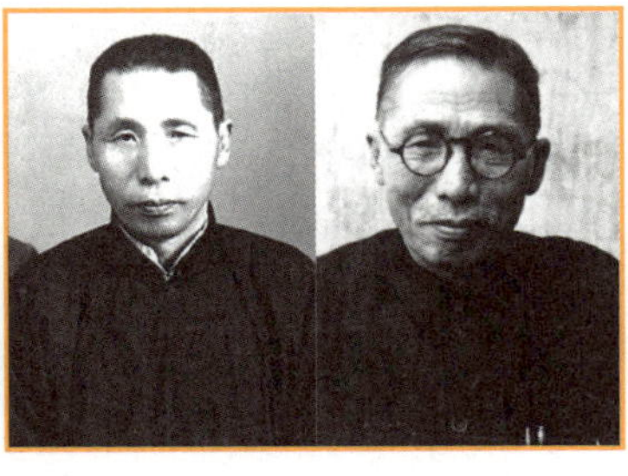

백범 김구 선생

그래도 위의 인물들은 이러한 에너지를 나라와 역사를 위해 사용해서 다행이지만 보통 사람들은 자신을 괴롭히고 주변 사람들을 괴롭히는 데 사용한다.

한 엄마가 있었다. 전형적인 AR이었다. 어느 날 그녀의 6살 난 딸을 데리고 상담소로 찾아왔다. 딸이 '3중 틱'을 한다는 것이다. 아니나 다를까 현관에서 책상으로 오는 시간이 5분 이상 지체될 정도로 틱이 심했다. 사연은 이렇다. 그녀는 아이를 너무 사랑한다. 그 아이가 아주 올곧게 자라기를 바랐다. 그래서 아침부터 그 사랑을 입으로 실천하기 시작한다. 기상 자명종이 울리면 6살짜리 여자 아이의 침대머리맡으로 가서 자근자근 이야기한다. "자명종이 울었으면 일어나야지?" 아이는 놀라서 벌떡 일어난다. 엄마의 극심한 잔소리를 이미 경험했기 때문이다. 일어난 아이를 향해 다시 엄마의 사랑스런 조언이 쏟아진다. "일어났으면 씻으러 가야지." 그리고 그 잔소리는 아이가 유치원으로 탈출(?)할 때까지 쉴 새 없이 진행된다. 결국 아이는 엄마를 만날 시간에 맞추어 그 고통을 견디기 위해서 틱을 하기 시작한 것이다. AR에게는 정해진 세상의 틀이 있다. 이를 자신과 세상이 딱 맞게 살아야 두려움이 사라진다. 그러니 자신뿐만 아니라 함께하는 사람들이 참 힘들다.

## 건강한 성숙? 스트레스성 퇴보?

이러한 9가지 유형들은 각 유형별로 분명한 특징이 있다. 그런데 이들이 그 특징을 자신만의 특기로 변화시켜 나아갈 때 세상에 두각을 나타내게 된다. 이를 '성숙'이라고 부른다. 그러나 어떠한 상황이나 스트레스 등을 통해서 움츠러들고 퇴보하게 된다. 이를 여기서는 '퇴보'라고 부르고 싶다. 사람이 바뀌는 것은 아니다. 다만 상황으로 인해 혹은 스스로의 노력이나 변화에 의해 이렇게 외형적인 이미지들이 나타날 뿐이다. 그래서 이는 고정적이지 않고 언제나 유동적이며 변화무쌍한 여지를 남기고 있다.

TI는 '생각이 많고 많은 정보를 추구'한다. 그래서 신중하고 차분하다. 하지만 함께하는 사람들에게는 답답하게 느껴질 때도 있다. 그러나 이들이 성숙해지면 자신의 지식을 통해서 타인에게 큰 도움을 줄 수 있게 된다. 원래 TI의 에너지 방향은 '내향'이다. 이러한 '내향'이 주변에 선한 영향력을 미치는 '외향'으로 변하는 것만큼 이들에게 큰 변화는 없다고 할 수 있으며, 이들이 '외향적' 움직임을 나타낼 때 반드시 좋은 결과를 맺게 되어 있다. 그러므로 이들에게 조언을 한다면 자신이 가진 것들을 세상에 나눌 수 있는 방법을 고민해 보라는 것이다. TI들이 이처럼 성숙해지면 좋은데 상황과 스트레스로 인해 움츠러들 때가 있다. 그리고 퇴보한다. 그렇게 되면 현실을 외면하고 현실에 더욱 적응하지 못하는 모습을 강하게 나타낸다. 예전에 선비들이 집안에 먹을 것이 떨어져도 '공자와 맹자'에만 매달리며 현실을 애써 외면하려 했던 것이 그 대표적인 모습이라고 하겠다. TI의 지식은 성숙하면 세상을 발전시키고 퇴보하면 현실감을 잃어버리게 된다.

TL은 '안정적이고 늘 균형 잡힌 삶'이 있다. 그래서 어디에서든지 그 안정감을 인정받는다. 여성 같으면 '맏며느리감'이다. 남자 같으면 '사위' 삼고 싶은 사람이다. 왜나하면 최소한 살면서 엉뚱한 짓을 하지는 않을 것이기 때문에 내 아들이나 딸을 고생시킬 타입은 아니라는 것을 어른들은 안다. 이들의 에너지는 '내외향 조절형'이다. 그래서 늘 힘들다. 안과 밖 모두 조화를 이루려고 노력한다. 그래서 직장에서도 맡은바 책임을 다하려 하고 집에서 불성실한 엄마나 아빠의 모습을 용납하지 않는다. 쉴 시간이 부족하다. 그래도 모든 것이 안정적으로 돌아가면 행복해 하긴 한다. 감정형들에게는 매우 이해되지 않는 족속들이다. 이들이 '성숙'해지면 주변에 아무런 탈(?)이 없다. 그들의 안정감을 머무르는 모든 곳에 심어낸다. 그러나 이들이 만일 그 '안정'에 심각한 도전을 받게 되면 매우 큰 '스트레스 상황'에 빠지게 되고 자신이 만든 '안정'을 위해 이해하기 힘든 어리석은 짓을 하기도 한다. 이들이 스트레스 상황으로 퇴보할 때 매우 어리석고 답답해 보인다. 그런데 바꾸려 하지 않는다. 이때 사실 그들에게는 아무 소리도 들리지 않기 때문이다.

TE는 '열정적이고 재미있는 사람'이다. 그가 주는 재미는 단순한 재미가 아니라 다 일리가 있고 논리적이다. 머리형이기 때문이다. 이들이 각성되고 성숙해지면 그들의 지적 호기심이 일정 수준의 열매를 맺는다. 그리고 그 열매로 인해 주변이 매우 즐거워진다. 하지만 지속되지 않는다. 다만 성숙의 상태라면 더 새로운, 그렇지만 더 가치 있을 일에 도전하게 된다. 그러나 이들이 스트레스를 받는다면 모두가 재미가 없어진다. 아니 이들이 흥미를 느끼지 못하는 만큼 주변에서는 그 결과에 따른 어려움을 당한다. 이들의 변화무쌍한 관심 변화의 후폭풍을 감당해야 할지도 모르기 때문이다. 그러나 이것은 물질적인 피해라기보다는(이것은 FI의 경우가 될 것이다.) 심리적인 피해라고 볼 수 있다. 원래 '외향적' 에너지 방향을 가지고 있는 이들이지만 퇴보하면 그 방향이 '내향'으로 바뀌어 사람들과 관계를 맺지 않으려 하는 매우 낯선 모습을 연출하기도 한다.

FI의 '통찰과 예술성'은 아무도 따라갈 수 없다. FI가 있으면 뭔가 항상 다르다. 작은 하나에도 그의 '독특함'이 묻어나기 때문이다. 이들이 성숙하면 폭발적인 창의성이 나타나고 그야말로 역사의 대변혁(?)이 시작된다. 깊이가 사뭇 다르다. 이는 TI와 같은 양적 깊이가 아니라 날카로운 창의성이 빚어내는 질적 깊이이다. 그래서 이들이 마음만 먹으면 무슨 일이든지 '대박'을 낸다. 그러나 이들의 가장 큰 단점은 '감정의 기복'이 너무 심하다는 것이다. 마음에 들지 않거나 마음이 상하면 그 자리에서 모든 것이 멈춘다. 멈추고 있으면 그나마 다행이다. 아예 사라진다. 이른바 '잠수'를 타는 것이다. 그래서 FI가 퇴보할 때는 아주 멀리서 그의 소식을 들어야 하는 경우가 많다. 왜냐하면 그의 원천적인 에너지의 방향은 '내향'이라 움츠러드는 성격이기 때문이다. 또한 매우 감정적이어서 함께하는 사람들의 감정과 삶에 상처를 내는 경우가 매우 많다. 이들과 함께한다면 이런 상처는 각오해야 할지도 모른다.

FA는 '매우 일 잘하는 사람'이다. 그의 강력한 인정욕구가 추진력이 되어서 주어진 일을 완전하게 성취하려는 힘이 강력하다. 그래서 이들이 성숙해지면 일도 완성시킬 뿐만 아니라 관계도 완성시킨다. 성공한

CEO상을 정립하는 것이다. '내외향 조절형'인 그의 완성작을 만든 것이다. 그러나 이들이 좌절하거나 스트레스 상황에 있을 때에는 절망이 찾아온다. 단순히 절망하는 것이 아니라 그의 삶 전체를 부정하는 절망의 깊이가 찾아온다. 그래서 자살이라는 어리석은 방법을 택하기도 한다. 이 정도까지 가지 않는다면 비열함이 작렬하게 된다. 그래서 스스로의 힘으로 일어서려 할 뿐만 아니라 다른 사람을 밟고 일어서는 것도 서슴지 않는다. 그래서 이들은 성공을 이루어도 주변에서 칭찬 듣는 것이 드물 때가 많다. 때문에 내적으로 더 힘들어지기도 한다.

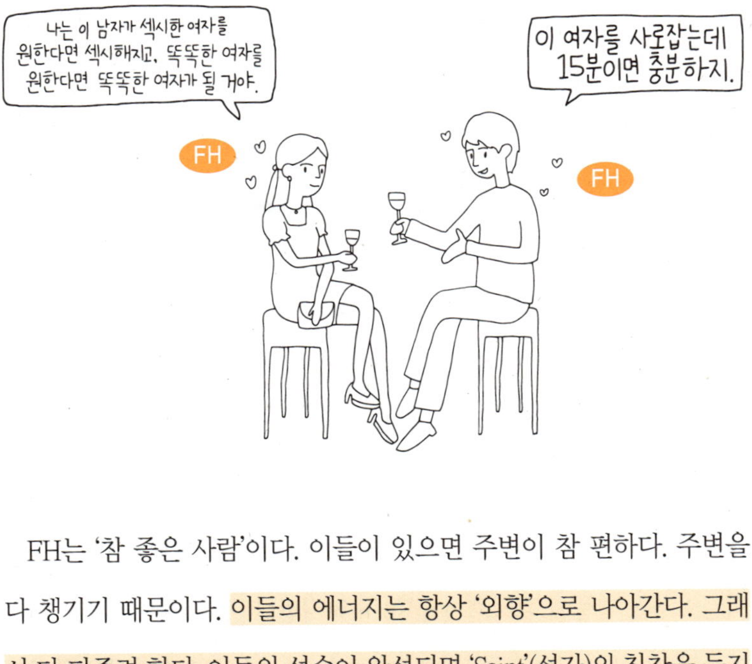


FH는 '참 좋은 사람'이다. 이들이 있으면 주변이 참 편하다. 주변을 다 챙기기 때문이다. 이들의 에너지는 항상 '외향'으로 나아간다. 그래서 다 퍼주려 한다. 이들의 성숙이 완성되면 'Saint'(성자)의 칭찬을 듣지만 사실 자신은 힘들다. 사람의 본성이 어찌 주고 행복하겠는가? 이들도 받아야 행복하다. 다만 이들이 받고 싶은 것은 '인정'인 것이다. 다른 말로 '감사'라고 할 수 있다. 이들에게 하고 싶은 말은 너무 자학하지 말라는 것이다. 그리고 다른 사람들을 위해서 투자하는 에너지의 절반이라도 자신을 위해서 투자하라는 것이다. 그러면 인생이 조금 더 윤택해질 것이다.

AC는 그야말로 '리더'이다. 그는 근본적으로 피지배에 대한 두려움을 가지고 있기 때문에 먼저 지배하려 한다. 그러나 그 방법이 성숙하지 못하면 '보스'가 된다. 타인의 의견을 무시하고 늘 자기 마음대로만 일을 처리한다. 누군가가 자신의 일에 '조언'을 해오면 '도전'으로 받아들여 그를 공격한다. 아무도 그의 일에 '토'(?)를 달 수 없다. 그가 조직을 이끌어가기 때문에 겉으로 말을 하지 않지만, 대부분 '똥이 무서워서가 아니라 더러워서 피한다.' 그러나 이런 그가 성숙해지면 자신을 돌아보는 눈이 생긴다. 한마디로 '철'이 나는 것이다. 그렇게 되면 앞에서 사람을 강제로 이끌어가려 하지 않고 한 사람 한 사람을 챙기기 시작한다. 이럴 때 사람들은 그의 진정한 '리더십'을 발견하고 진심으로 존경하고 따르려 한다. AC에게 조언을 한다면 '당신의 성숙도는 당신 주변에 진심으로 당신을 따르는 사람들의 숫자'라고 할 수 있다. 스스로를 돌아보는 성숙이 있게 되면 그 숫자가 정확하게 보인다.

AP는 AC처럼 선이 매우 굵고 강하게 생겼지만 그에 비해 표정이나 행동은 무척이나 부드럽다. 늘 전체의 '조화를 위해서 살려고 하는 사람'이다. 이 사람이 성숙해지면 조직의 갈등이나 고민이 해결된다. 그 스스로가 희생해서라도 조직을 평화롭게 유지하려고 애쓰기 때문이다. 은근히 정이 가는 스타일이다. 그러나 AP는 스트레스가 많다. 그 스트레스를 스스로 유지하기 힘들어지면 '행동형'의 전형적인 모습들이 드러난다. 퇴보하는 것이다. 신경질적이 되고 매사에 큰 소리를 내기 시작한다. 드디어 어느 한계점에 다다르면 핵폭발을 한다. 다른 사람들보다 이들이 폭발하면 그 파괴력이 매우 크다. 더 안타까운 것은 외적 폭발보다 내적인 폭발이다. 외적인 폭발은 그저 몇 가지의 관계가 무너지는 정도이지만 내적인 폭발은 자신의 생명이나 건강을 저해하는 지경에 이를 수 있다. 이러한 상태를 심리학에서는 '우울'이라고 하는데 우울환자가 될 가능성이 가장 높은 유형 중 하나라고 할 수 있다. 제발 평소에 조금씩이라도 스스로의 생각을 이야기하는 버릇을 길러라. 이를 '풍선에 바람 빼기'라고 부른다. 그러지 않으면 '뻥' 하고 풍선이 터져버릴 수도 있다.

AR은 '매우 의로운 사람'이다. 이들은 원칙이 분명하고 스스로부터 그 원칙에 철저히 순응하며 살려 한다. 그러나 그 원칙이 너무 견고하기 때문에 사는 것이 힘들다. 그래서 AR은 살이 잘 찌지 않는다. 살 찔 틈이 없다. 그만큼 스스로를 괴롭히기 때문이다. 이들이 나타나면 사람들도 조심하려 든다. 왜냐하면 '잔소리'가 시작되기 때문이다. 자신의 틀에 맞추어 자신을 조정하려 할 뿐만 아니라 이제 타인과 환경도 조정하려 든다. 그래서 이들 때문에 사회가 개혁되기도 한다. 하지만 이들이 표현을 해댈 때는 '화'가 난 상태이기 때문에 결과가 그렇게 좋지는 못하다. 같은 이야기라도 화를 내면 누구든지 듣기 싫기 때문이며, 이들이 제시하는 기준이 지나치게 높기 때문에 단번에 실행하는 것도 쉽지 않기 때문이다. 이들은 성숙하려면 자신도 틀릴 수 있다는 것을 인정하는 습관이 필요하다. 그리고 밖에서 들리는 소리에 더욱 집중할 필요가 있다. '내향형'의 사람이기 때문에 늘 '안의 소리'를 듣는 데는 익숙하지만 '밖의 소리'를 듣는 것은 어색한 사람이기 때문이다.

## 이들이 뭉치면 난리가 난다

이러한 다양한 유형들이 엉켜서 살고 있는 것이 세상이다. 그러므로 각자의 문제가 드러날 때 스스로도 힘들지만 조직 안에서도 갈등이 일어나기에 십상이다. 또한 개인의 문제도 힘들지만 각 유형별 차이로 인해서 일어나는 오해와 갈등도 만만치가 않다.

필자의 경험으로는 AC(Acting-challenger type : 행동-도전형), AR(Acting-reformer type : 행동-개혁형), FI(Feeling-individualist type : 감정-자기중심형)가 주된 가해자들이다. AC가 보스가 되면 주변이 아프다. 의견이 무시되고 모든 것이 자기중심적 통제 속에 있게 된다. 심지어 대장의 권위가 침해되었다고 생각하면 '폭력'도 서슴없이 휘두르다. 또한 그 폭력을 매우 정당화시킨다. 많은 독재자의 유형이 바로 AC들이었다. AR은 지나치게 높은 기준으로 혹은 무척이나 왜곡된 기준으로 자기와 함께하는 사람들을 괴롭힌다. 직접적인 가해는 없지만 오히려 맞는 것이 더 편할 때가 많다. 이들과 함께하는 사람은 정신적인 스트레스를 호소한다. 그러나 AR 스스로도 만만치가 않다는 것을 기억하라. FI는 럭비공이다. 언제 어디로 튈지 모른다. 감정의 기복이 심하기 때문이다. 자신은 자신의 멋으로 사는 것이지만 이와 함께하는 사람들은 너무 힘들다. 장단 맞추기가 쉽지 않기 때문이다. 또한 현실적이지 못한 선택을 너무나 쉽게 해서 황당할 때가 많다. 만일 이들이 함께 뭉친다면 상상만 해도 무섭다. 매일이 전쟁터 같을 것이기 때문이다.

이런 성격유형의 강의와 상담 가운데 가장 자주 받았던 질문 중에 하나는 누가 가장 좋은 사람인가 하는 것이다. 사실 좋은 사람은 없다. 모두가 각자의 특징적인 면을 가지고 있는 것일 뿐이다. AC, AR, FI도 사실은 '퇴보'되었을 때이고 이들에게도 장점이 많이 있다. 물론 조직에서 모가 없이 잘 융화하는 유형이 있기는 하다. AP(Acting-peacemaker type : 행동-평화형)라든지 FH(Feeling-helper type : 감정-도움형)유형은 조직에 참 많은 도움이 된다. 이들이 있으면 조직은 항상 편안하고 안정적이다. 다만 스스로가 많이 힘들어지는 것인데 자기조절만 잘 한다면(AP는 풍선에서 바람 빼기, FH는 자신을 함께 챙기기) 문제가 없다.

이런 유형들이 각각 혹은 집단에서 만나게 될 때 일어나는 문제와 그

해법은 이 책의 "아트그램을 통한 조직소통의 실제" 부분에서 더 자세하게 다루기로 하겠다.

## 아트그램과 에니어그램은 이래서 다르다

여기까지의 이야기를 읽어보신 분들은 아트그램이 에니어그램과 무엇이 다른가 궁금해 하는 석학(?)들이 계실 걸로 안다. 사실 여기까지는 에니어그램과 아트그램이 거의 비슷하다. 다만 번호로 인간을 다루지 않는다. 각 고유의 특징을 더 중요시하며 각 에너지 유형별 중심 타입을 먼저 세우고 그에 비교하여 유사한 에너지 그룹 유형을 설명한다. 그리고 이들의 '내외향 에너지 방향'을 고려하여 이들의 장점과 단점을 파악하려 한다.

그러나 더 결정적이고 핵심적인 차이는 에니어그램은 에니어그램으로 그친다는 것이다. 에니어그램의 핵심은 자신을 이해하고 이해한 자신을 잘 다루어가는 데 중점을 둔다. 그리고 이렇게 자신을 잘 다루고 나면 타인을 이해하는 눈이 생기고 나와 타인 간 관계의 다리를 형성해 가는 것이다. 매우 훌륭한 아이디어이고 실제적으로 필자가 20여 년간 현장에서 적용하고 실시해 보면서 매우 탁월한 인간이해의 방법이라는 데에는 이견이 없다. 그러나 에니어그램이 막히는 것은 여기서부터이다. 바로 "How to?"의 문제인 것이다.

나를 이해하고 나를 다룰 수 있는 방법을 익히고 나를 이해한 그 힘으로 타인을 이해하면서, 나와 타인 간의 다리를 만들어가는 작업이 구체적이지 못하다는 것이다. 그저 원칙만 제시해 줄 뿐이다. 필자가 다년간의 에니어그램 적용의 실제에서 부딪힌 구체적인 방법론을 아트그램으로 제시하려는 것이다. 아트그램의 두 기둥은 '에니어그램의 이론'과 '미술치료의 이론'이다. 에니어그램이 개인과 집단의 성향을 분석하는 것이라면, 미술치료는 개인과 집단이 스스로의 문제점과 갈등을 해결해 가는 구체적인 방법론을 제시한다. 미술치료의 탄탄한 이론과 깊이가 에니어그램의 날카로움과 동행하는 것이다. 이 두 작업이 합쳐져서 '아트그램'이 탄생했다.

그래서 아트그램은 나와 타인을 향한 이해의 시점인 "아하!"에 그치지 않고 실제적인 이해와 포용, 소통과 적용을 상징과 매체, 색채와 미술 역동을 통해서 아주 다이내믹하게 경험하게 한다. 그래서 머리로 알아야 하는 사람들에게도, 가슴으로 알아야 하는 사람들에게도, 몸으로 알아야 하는 모든 사람들에게도 적절한 필요와 만족을 제공한다.

이 책에서는 아트그램의 미술치료적인 기초 이론을 제시하지는 않는다. 분량이 너무 많기 때문이다. 여기서는 조직소통에 대한 아트그램적인 통찰을 얻는 것으로 만족하려 한다. 그리고 추후 아트그램을 통한 구체적인 조직소통의 경험들을 나눌 기회를 소망한다.

CHAPTER

2

# 조직이란 무엇인가?

# 조직이란 무엇인가?

### 조직이란 무슨 이야기를 해도 결국 사람으로 돌아온다

조직(Organization)이란 무엇인가? 너무나 거창한 질문이다. 질문이 이렇게 거창하니 대답도 거창해야 한다. 다음은 거창한 대답을 압축한 것이다.

전통적인 조직이론가의 한 사람인 브라운(A. Brown)은 "조직이란 보다 효과적인 관리를 위해 조직구성원의 직무와 그 직무의 상호관계를 규정하는 것"이라 하였고, 근대 조직론의 창시자라 할 수 있는 바나드(C. I. Barnard)는 "조직이란 공헌할 의욕을 가진 두 사람 이상이 공통의 목표를 달성하기 위해 상호작용하는 협력체계"라고 하였다. 카츠와 칸(D. Katz & R. Kahn)은 조직은 공동목표를 달성하기 위해 구성원들이 상호작용하는 집단으로서 내부적으로도 서로의 관계를 규정하고 조정하는 장치가 필요하지만, 다른 한편으로는 살아 있는 개방시스템(open system)으로서 변화하는 환경에 적응하는 구조도 갖추고 있다고 이야기하였다. 마지막으로 크로지에(M. Crozier)는 "조직을 정태적 고정체로 보지 않고 구성원들의 권력게임행동에 따라 수시로 변화하는 동태적 변동체"로 파악하였다.

한마디로 조직은 사람들의 모임 이상의 의미를 가지고 있다는 것이다. 필자가 생각할 때 조직은 다음의 다섯 가지 의미를 가지고 있다.

첫째는 '연약성'이다. 인간은 왜 조직이 필요했을까? 인간 하나의 개체로는 너무나 연약해서 이 세상을 감당할 수 없었다. 그래서 '패거리'를 지으려 했고 그 패거리에 세련미를 더한 것이 바로 조직이다. 그래서 조직은 근본적으로 문제를 가질 수밖에 없다. 약한 것들이 모여 약함을 덮으려 하니 다른 부분이 곪기 시작하는 것이다.

둘째는 '목적성'이다. '연약성'을 가진 인간들이 모인 것은 다 이유가 있다. 그래서 어떤 조직이든지 목적을 가지고 있고 그 목적을 향해 달려간다. 조직을 조정하고 관리한다는 것은 결국 목적을 관리하고 조정하는 것이라고 말하는 것은 지나친 것일까? 필자는 그렇게 생각하지 않는다.

셋째, '구조성'이다. 인간들이 모이면 연약성을 보완하는 1차적 목표를 해결하게 된다. 그리고 모인 모임을 더 고상하게 만들려 한다. 그것이 바로 '목적'이다. 그 목적을 향해 달려갈 때 당연하게 각자의 특징, 능력, 선호도 등등의 차이가 생기게 된다. 그래서 앞서 갈 사람, 중간에 있을 사람, 뒷부분에 설 사람을 정하기 시작한다. 이것이 구조화를 일으킨다.

넷째, '지배와 피지배성'이다. 구조화된 조직은 드디어 본성을 드러내기 시작한다. '다름'이 '차이'가 되고 그 '차이'는 '계급'이 된다. 능력이나 우위를 조금 더 가진 자들이 그 아래 사람들을 '효율'이란 이름으로 지배하기 시작한다. 아래의 사람들은 '효율'이란 우상을 가지고 피지배를 즐기게 된다. 나름 여기까지는 순탄하다. 인간의 조직이라는 것이 아직까지는 매우 유익한 것처럼 상호 인식된다.

그러나 시간이 지나면서 인간도 변한다. 그리고 욕구도 변하기 시작한다. 처음 조직이 형성될 때는 문제가 없었는데 이 변화에서부터 '갈등'이 생겨나기 시작한다. 그래서 조직의 마지막 특징이 바로 '갈등성'이다.

이러한 조직의 갈등으로 인해 조직의 목적이 화해되고 구조가 무너지며 지배의 효율이 약해진다. 그래서 등장한 것이 바로 '조직관리'(Organization management)이다. 그래서 조직관리자는 조직 구성원 간의 욕구를 조절하고 구조를 강화하며 지배의 체계를 명확히 하여 갈등을 조정하려 한다. 그러나 이것이 매번 실패한다. 필자가 보기에는 그렇다. 한 가지 조직관리의 방법이 어느 정도 성공하고 나면 늘 그렇듯이 새로운 문제가 생긴다. 이전에 경험하지 못했던 새로운 갈등이 생기는 것이다. 왜 그럴까? 이것은 모든 조직관리가 조직의 입장에서 조직의 유익함을 위해서 만들어지기 때문이다. 조직은 아무리 덩치가 커지고 완벽한 구조화를 이루어도 결국 사람이다. 이것을 모두 놓치기 때문에 생기는 문제이다.

조직은 사람이다. 그러므로 조직이 아무리 크고 거대해도 늘 사람의 문제를 안고 있다. 그러므로 조직 갈등과 관리의 핵심에 사람을 두어야 한다. 사람을 이해하고 사람과 사람 사이의 근본적인 문제를 바로 이해하지 못하면 조직 갈등과 문제는 늘 새롭게 일어날 수밖에 없다. '아트그램'이 다루려는 부분이 바로 이 '조직 갈등'의 부분이다.

### 조직 안에서의 사람이야기

조직의 문제는 사람의 문제이다. 조직은 무생물이고 사람은 생물이다. 그래서 조직이 생물인 것처럼 그 역할을 하는 것이다. 그러나 사람 없는 조직은 다시 무생물이 된다. 그러므로 조직에서 사람을 바로 이해하고 바로 다룰 수 없으면 조직을 바로 이해하고 다룰 수 없는 것이다.

이런 의미에서 조직은 생물이다. 조직이 생물이기에 생물이 가지는 일반적인 특징을 조직도 가지고 있다. 첫째는 '연약성'이다. 사람이 연약하기에 조직도 결국 연약하다. 인간의 연약성을 보완하기 위해서 조직이 만들어졌지만 구성물(?)인 인간이 연약하기에 조직도 그 연약성을 이어받게 되는 것이다. 이런 이해가 없으면 원활한 조직관리가 어렵게 된다. 그래서 조직을 위해 끊임없이 투자하지 않으면 그 조직은 머지 않은 시간에 문제를 일으키게 되는 것이다. 필자는 그런 조직들을 너무 많이 보아왔다. 구성원이 그리 많지 않을 때는 발생하지 않는 수많은 문제들이 조직이 점점 커지면서 발생하기 시작한다. 이를 방치하면 결국 '조직암'이 되어 조직을 넘어지게 한다. 이 책을 읽는 분들이 CEO라면 지금 바로 조직을 위해 투자하는 장기 계획을 세우시기 바란다.

둘째는 '한시성'이다. 생물은 시간이 지나면 상한다. 그래서 마트에서 마감시간이 되면 판매원들의 갈라지는 절규를 듣게 된다. 빨리 사가라고 호통(?)친다. 왜냐하면 생물이기 때문이다. 시간이 지나면 상해버리고 상품 가치가 상실되기 때문이다. 조직도 사람이기에 생물이다. 그래서 한시성이 있다는 사실을 잊으면 안 된다. 그래서 늘 조직이 건강하려면 늘 새로운 물갈이(?)가 필요하다. 물갈이가 원활하지 못하면 기존 조직 구성원들이 상하지 않도록 늘 'refreshing' 작업이 필요하다.

셋째는 '심리성'이다. '조직몰입'이라는 조직용어가 있다. 조직원들이 조직에 대한 '심리적 애착'을 나타내는 것을 말한다. 이처럼 조직이 사람이고 생물이기 때문에 조직도 마음이 있다. 그리스철학에서는 인간이 '몸-마음-영'으로 구성되었다고 믿는다. 그런데 이 세 가지 구성요소 중 가장 강력한 영향력을 가지고 있고 나머지 두 가지를 지배하는 것이 있다. 바로 '마음'이다. 조직을 이처럼 '마음'의 관점에서 보지 못한다면 생물인 조직을 잘 관리해 나갈 수 없다. 마음이 상한 조직은 건강하지 못하다. 마음이 상한 조직은 늘 갈등한다. 마음의 아픈 조직은 늘 병든 모습으로 시들시들하다. 이를 이해하는 것이 조직을 건강하게 만드는 첩경이라고 할 수 있다.

## 조직의 마음을 다루는 세 가지 방법

조직에도 마음이 있다면, 이 조직의 마음이 조직을 건강하게도 더 아프게도 만들 수 있다면 이 조직의 마음을 건강하게 만드는 것이 '조직관리'의 가장 시급한 과제라고 할 수 있다.

그렇다면 조직의 마음은 어떻게 병드는가? 조직이 한 유기체로서의 마음을 가진다면 그 마음의 역동은 한 유기체 인간의 심리적 역동과 유사하다고 할 수 있다. 그래서 인간의 심리적 역동이라는 관점에서 조직의 심리적 상처를 살펴보고 이를 회복할 수 있는 방법을 살펴보고자 한다.

'프로이트'의 위대함은 나도 모르는 나의 마음을 언어로 구조화시켜서 모든 사람들이 인식할 수 있도록 제안한 것이라고 할 수 있다. 바탕그림이 있으면 누구든지 예쁘게 색칠할 수 있듯이, 프로이트는 마음이라는 것을 구조화시킬 수 있다고 상상조차 못할 그때 이를 시도해서 인간 이해의 새로운 영역을 개척한 선구자라고 할 수 있다.

그는 인간의 마음 안에는 생의 욕구를 추구하는 '원초아'(id,이드)와 질서와 고차원적 가치를 추구하는 '초자아'(superego, 슈퍼에고)가 있다고 주장했다. 이들은 항상 갈등하고 경쟁한다. 그대로 두었다가는 마음

밭은 늘 전쟁터가 된다. 마음이 전쟁터가 되면 삶이 편할 수가 없다. 그래서 필요한 것이 바로 '자아'(ego, 에고)이다. 이 자아는 원초아와 초자아의 갈등을 중재하고 원초아에게는 적당한 통제를, 초자아에게는 적절한 이완을 제공한다. 그래서 자아가 우리 마음의 중심 역할을 하는 것이다. 이 자아가 건강할 때 우리는 삶의 안정과 평안을 유지할 수 있다. 그러나 이 자아가 약해질 때 깡패 같은 원초아가 판을 치고, 삶을 너무나도 경직되게 만드는 초자아가 기승을 부리는 것이다.

자아가 건강한 사람은 그래서 자신을 무척이나 사랑하고 존중한다. 이것이 우리가 잘 아는 '자아존중감'(자존감)이다. 자존감이 높은 사람은 타인과의 관계에서도 건강함을 드러낸다. 원숙하고 바람직한 사회적 관계도 결국 자아로부터 출발하는 것이다. 그러나 자아가 건강하지 못한 사람은 자신을 믿지 못하고, 자신을 아껴주지 못한다. 자신이 자신을 아끼지 않는데, 누가 나를 아껴주겠는가? 그래서 이런 낮은 자존감의 소유자들은 사회적 관계에서도 어려움을 겪는 경우가 많다.

조직의 마음에도 '원초아'와 '초자아'가 존재한다. 조직을 아프게 하고 조직의 질서를 파괴하고 자기 욕구대로만 살려고 하는 사람들이 있다. 조직의 '원초아'들이다. 그래서 조직은 상처를 입게 된다. 프로이트는 인간의 이러한 상처 중에 감당하지 못하는 것들은 '무의식'이라는 심연(深淵)의 저장소에 둔다고 말한다. 그러나 정말 주의할 것은 이 심연의 저장소에 들어 있는 상처들이 우리 삶을 이끌어간다는 것이다. 이것이 프로이트의 두 번째 심리적 아이디어인 '무의식'이론이다. 마찬가지로 조직에서도 이런 상처들이 계속해서 쌓이면 조직은 병들어간다. 외적으로는 아무런 문제가 없어 보이지만 사실 조직은 이 상처에 끌려가며 점점 무기력해진다. 조직의 질병은 다 이런 문제로 인해서 일어나는 것이다.

'초자아'도 문제이다. 지나치게 높은 기준과 가치는 오히려 조직을 너무 경직되게 한다. 조직은 생물이다. 그러므로 모든 것이 유연해야 편안해진다. 즉 행복해진다는 것이다. 그러나 지나친 초자아가 조직의 마음에 있으면 조직에 참여하기가 싫어진다. 조직 가운데 있어도 건성건성하게 된다. 당연히 조직이 성장하거나 발전하는 것이 더디다. 그리고 조직 가운데 창의성과 폭발력이 사라진다. 인간으로 치면 '발달장애'가 오는 것이다.

좀 더 구체적으로 말해 보면 조직 안에 항상 있는 '그 인간'의 이야기이다. 없을 때 '미친××'로 부르는 인간 말이다. 보통 이런 인간(?)들은 조직의 원초아들이다. 이들이 낮은 직급에 있을 때는 아무런 문제가 되지 않는다. 소위 말해 '짤리기(?)' 때문이다. 그러나 높은 직급의 '미친××'는 조직을 물어 댄다. 자기 성질대로 다 쏟아내고 자신은 '쿨'하다고 혹은 '뒤끝' 없다고 자랑한다. 당연하다. '앞끝'에 다 쏟아냈는데 '뒤끝'이 남아 있을 리가 있는가? 그래서 리더십 교육이 필요하다. 조직의 '미친××'가 '미(美)친××'로 바뀌어야 조직의 마음이 편안해진다. 필자가 여러 조직에 강의를 가보면 이런 '미친××'가 참 많다. 그래서 조직의 분위기가 묘하다. 직장도 아니고 그야말로 조폭도 아니고 그렇다고 원활하게 진행되는 것도 아닌, 오직 한 사람의 눈치만 보며 그 사람의 기호에 조직이 동화되고 있다. 당연히 조직은 점점 불건강해지고 심지어 껍질을 까보면 썩은 호두처럼 돼 있다. 외적으로는 돌아가고 있으나 실상은 악취를 풍기며 죽어가고 있는 것이다.

또 조직 안에는 '그 인간'도 있지만, 일명 '꼰대'도 있다. 말이 안 통한다. 필(feel)도 안 통한다. 함께하는 것도 없다. 그냥 직장 안에서 주어진 일만 원하는 대로 마칠 뿐이다. 아무 일 없지만 조직원들은 늘 이직을 꿈꾼다. 재미가 없고 미래도 없고 감동도 없기 때문이다. 그런데 더 속상한 것은 이런 '꼰대'들이 직장에서 높은 직급으로 올라간다. 당연한 일이다. '꼰대'처럼 일하기 때문이다. 그러나 스스로는 일을 잘 할지 모르나 그가 조직의 리더가 되면 조직의 마음이 경직되고 창의성을 잃어버리고 조직의 폭발력이 사라진다. 모두가 '영혼 없는' 직장생활, 조직생활을 하게 되기 때문이다. '꼰대'를 바꾸는 것은 '미친××'를 바꾸는 것보다 더 어렵다. 이런 '꼰대'들은 단순한 일시적 교육으로는 변화하지 않는다. 그래서 '경험캠프'를 통해 삶의 태도와 관점에 대한 새로운 시점과 관점을 제시해야 한다. '현실'이라는 운동장에서 막 굴려야만 철이 드는 것이다.

프로이트와 정신분석학회를 같이했으며 프로이트보다 더 뛰어난 석학이었던 '융'은 인간을 프로이트처럼 단순하게 보지 않았다. 프로이트에 의해서 인간의 무의식이 개인적인 측면으로만 해석되었다면, 융은 인간의 무의식이 집단적 요소에 의해서도 영향받는다는 것을 알게 해

주었다. 그래서 그는 인간을 보다 복잡하게(Complex) 이해했다. 이러한 복잡함(Complex)을 명료화시킬 수 있을 때 인간의 마음은 안정을 찾는다고 말한다. 조직의 마음도 마찬가지이다. 조직은 상당히 많은 사람으로 구성되어 있다. 그만큼 그 안에서의 역동은 단순하지가 않다. 그러므로 이러한 복잡한 상태가 지속될 때 조직은 건강해질 수가 없고 조직의 마음은 안정을 찾을 수가 없다.

이러한 조직의 복잡한 마음을 명료화시킬 수 있는 시간들이 너무나 많이 필요하다. 사실 조직소통이란 이것을 해결하는 분야이다. 알 수 없었던 직장상사의 마음, 오해했던 부하직원의 마음을 파악하고 서로를 향한 새로운 이해로 나아가는 것! 이것이 바로 조직소통이다. 이 책의 다음 부분에서 조직소통에 대한 것을 더 자세히 다루어보려고 한다.

마지막으로 사람은 밥으로만 살 수 없다. 조직도 마찬가지이다. 돈만 많이 준다고 조직이 건강해지지는 않는다. 물론 돈이 제일이다. 돈만 많이 주면 사람들은 일하겠다고 구름 떼같이 몰려든다. 그러나 들어온 이후가 문제이다. 돈을 보고 몰려온 사람들이 "돈도 싫다!"며 나간다고 한다. 돈이면 무엇이든 할 수 있다고 하던 사람들이 "돈이면 무엇이든 다 할 수 있냐?"고 묻기 시작한다. 그 이유는 조직의 상처들 때문이고 또 조직소통의 부재 때문이다. 또한 조직의 가치와 비전 때문이기도 하다.

돈을 벌지만 '내가 이러려고 여기에 입사했나?'라는 자괴감을 토로한다. 여기서 내 청춘이 다 시들어간다고 한탄한다. 이것은 모두 가치와 비전의 이야기이다. 프로이트, 융과 함께 3대 심리학자로 손꼽히는 '아들러'는 인생은 '목적'에 의해서 이끌려간다고 말한다. 그에 의하면 사람은 두 종류로 나뉜다. 목적이 있는 사람과 목적이 없는 사람. 목적은 그 사람의 행복을 설정하고 그 방법을 구성하게 한다. 그리고 역경 가운데서도 행복하다고 말한다. 목적을 이루어가기 때문이다. 심지어 그 목적은 사람들을 꿈꾸게 하고 환상까지 보게 한다. 그래서 조직의 마음에 '목적'을 부어야 한다. 그래야 조직이 건강해지고 분명해지며 역동적이 되고 창의력과 폭발력을 회복하게 된다. 조직의 마음이 그야말로 건강해지는 것이다.

조직에 어떤 목적을 부여할 것인가? 무조건 구호만 외친다고 되는 것은 아니다. 조직이 건강한 목적을 설정하고 그 목적을 향해 힘차게 나아갈 수 있도록 안내하는 분야가 바로 '아트그램'이다. 이 부분은 추후에 다시 논의하기로 하자.

## 4차 산업혁명시대의 조직 비전 : 네트워크 조직

인류의 역사 가운데, 인간은 세 번의 큰 충격적 변화를 경험했다. 그 변화의 속도와 폭이 가히 혁명적이어서 이를 '산업혁명'이라 불렀다. '1차 산업혁명'은 증기기관이 발명되면서 기계에 의한 생산이 가능해진 시기를 말하며 '2차 산업혁명'은 전기를 통한 대량생산이 가능해진 시기를 말하고 '3차 산업혁명'은 반도체와 컴퓨터, 그리고 인터넷을 통한 정보기술의 발달로 대표된다.

4차 산업혁명은 WEF 회장인 '클라우스 슈밥'이 자신의 책 『4차 산업혁명』에서 이야기하면서 표면화되었는데 '4차 산업혁명'이란 3차 산업혁명을 기반으로 한 디지털과 바이오산업, 물리학 등 3개 분야의 융합된 기술들이 경제체제와 사회구조를 급격히 변화시키는 기술혁명으로 정의했다. 다시 말해 4차 산업혁명은 '초연결성(Hyper-Connected)' '초지능화(Hyper-Intelligent)의 특성을 가지고 있다. 사물인터넷(IoT), 클라우드 등 정보통신기술(ICT)을 통해 인간과 인간, 사물과 사물, 인간과 사물이 상호 연결되고 빅데이터와 인공지능 등으로 보다 지능화된 사회로 변화될 것으로 예측된다.

이 시기가 인간에게 가장 큰 위협이 되는 것은 바로 인간이 설 자리를 잃어버리게 된다는 것이다. 그 자리를 4차 산업혁명의 결과물들로 대신 채워지게 될 것이기 때문이다. 이것들이 조직에는 어떤 영향을 미칠까? 조직 자체도 4차 산업혁명의 영향력 아래 완전히 변화되지 않을까? 그렇게 되면 클라우스가 말한 대로 사회구조가 완전히 변화할 수 있다. 모일 필요가 없어지기 때문이다. 조직도 사라질지 모르는 시대 속에서 조직의 마음이 어떤 형태로 남을까? 또한 이 시대에 가장 바람직한 조직을 예측한다면 무엇이 될 수 있을까?

먼저 이전 형태의 조직이 사라지는 시대 속에서도 인간은 여전히 인간으로 남아 있다는 것을 알아야 한다. 그래서 얼마 되지 않는 범위 속에서의 인간관계의 중요성이 더욱 강조되지 않을까? 사람은 더욱더 이전 형태의 조직의 향수에 빠지지 않을까? 왜냐하면 인간은 여전히 마음을 가지고 있고 어떠한 조직이든 여전히 인간이 그 기초단위이기 때문이다.

이런 상황에서 가장 인간을 행복하게 하고 4차 산업혁명시대라 할지라도 조직의 마음을 잘 세울 수 있는 조직은 '네트워크 조직'이라고 생각한다. 네트워크 조직이란 전통적 계층형 피라미드조직의 경직성을 극복하기 위한 대안적 조직운영방식을 지칭하는 개념으로 내부와 외부 자원의 활용을 통해 효율성과 유연성을 확보하는 기업 내 부문 간, 기업 간 네트워크를 지칭하는 의미로 사용되고 있으며 환경변화에 따른 복잡한 문제를 해결하기 위하여 수직적, 수평적, 공간적으로 개인, 집단, 조직 간 관계 메커니즘을 갖춘 조직이다. 인간의 모임이 사라지는 시대에 인간의 관계가 더 강조되는 네트워크조직의 필요성이, 보다 더 강조되는 것은 자명한 이치라고 생각한다.

## 아트그램을 통한 조직관리는 이렇게 하라

다시 현실로 돌아오자. 앞서 '이러한 조직의 마음을 어떻게 이해할 것인가?'를 이야기했다면 이제 '이 조직의 마음을 어떻게 다룰 것인가? 혹은 어떻게 조직의 마음을 건강하게 할 것인가?' 하는 문제가 남았다.

앞에서 이야기한 것처럼 조직의 병리적 관계나 인물을 변화시키고 조직관계의 문제를 명확히 하며 조직의 가치와 목표에 대한 새로운 대안을 제시해야 한다. 그러나 그 구체적인 방법은 무엇인가? 그것이 바로 아트그램의 영역이다.

아트그램의 방법론은 크게 3단계로 나뉜다. 첫째는 조직의 구성원 각자가 스스로를 이해하는 단계이다. 이를 위해 아트그램의 성향분석을 거친다. 둘째는 자기를 이해했다면 자신의 장점을 극대화시키고 단점을 소거시키거나 다룰 수 있는 방법론을 익히는 것이다. 셋째는 스스로를 잘 이해하고 잘 다루고 있는 사람들이 타인을 어떻게 이해할 것인가를 배우고 그 타인과 어떻게 관계를 형성해 나갈 것인가에 대한 구체적인 방법론을 배운다. 이러한 과정에서 '에니어그램적인 성격 분석 이론'과 '미술치료적인 이론과 방법'을 접목하여 실시하는 것이 바로 아트그램이다.

구체적으로는 조직원과 조직원들의 성격분석을 실시한다. 그 성격분석에 따라 자기를 이해할 수 있는 미술치료의 이론과 방법론을 적용한다. 자기를 잘 이해했다고 가정했을 때 타인과의 관계 속에서 일어나는 문제들을 파악하고 그 대안을 미술치료적인 이론과 방법으로 밝혀낸다. 마지막으로 지금까지 파악한 방법과 방향이 바른 것인지에 대한 피드백 프로그램을 실시하고 재구조화시킨다. '실제 현장에서 이를 어떻게 실시할 것인가?'에 대한 예시를 마지막 부분에 들도록 하겠다.

CHAPTER

3

# 소통이란 무엇인가?

# 소통이란 무엇인가?

## 소통, 관계와 조직의 가장 중요한 핵심

이제 조직의 마음을 회복시키는, 그래서 모든 조직원들이 행복해 하고 이로 말미암아 조직의 창의성과 폭발력이 일어나는, 소위 말하는 조직관리의 핵심부분을 이야기할 시간이 되었다. 바로 '소통'이다.

"말하지 않아도 알아요~" 이 카피는 한 과자회사의 유명한 광고문구이다. 사실 이 말은 지독히 나쁜 환상이다. 우리 인간은 말하지 않으면 절대로 모른다. 소통 없이는 절대로 상대를, 더군다나 상대의 마음을 알 수 없다. '말하지 않아도 안다'는 사람들은 십중팔구는 자신의 마음대로 상대를 평가하고 판단해 놓고 다 안다고 말하고 있다. 이는 더 큰 오해와 선입견 그리고 갈등을 조장하는 원흉이다.

"반드시 말해야 안다!" "소통이 앎의 기초요, 출발점이다." 조직에서도 마찬가지이다. 아니 조직에서는 더 중요한 것이 소통이다. 이 소통은 모든 조직관리의 기초요, 조직의 마음을 이해하고 조직의 마음을 회복시키는 가장 중요한 출발점이다. 그러므로 조직관리에서 소통을 빼놓으면 기계를 조립하고 나서 전원을 넣지 않은 것과 같다. 모든 것이 완벽하고 겉으로 볼 때도 아무 문제가 없는데, 도무지 움직이질 않는다. 조직이 바로 그렇다. 외적으로 아무런 문제가 없어 보인다. 조용하다. 그런데 이상하게 조직이 어색하다. 융화하지 못한다. 창조적인 아이디어가 없다. 모두가 복지부동하는 것 같다. 어떤 일을 해도 '파이팅'이 없다. 모두가 무표정하게 일하다가 퇴근시간이 되면 경쟁하듯 사라진다. 조직의 마음이 병든 것이다. 다른 표현으로는 조직의 소통에 문제가 생긴 것이다. 이를 해결해야 한다.

## 조직소통에서의 세 가지 채널

조직의 소통은 크게 세 가지 채널로 이루어진다. 첫째는 지적인 소통이다. 서로의 말뜻을 이해해야 소통이 시작되는 것이다. 심리학에서는 '언어'를 정의할 때, 이렇게 정의하기를 좋아한다. 특히 필자는 이것이 언어의 참된 정의라고 생각한다. "언어는 내 말을 상대가 이해했을 때 비로소 언어가 된다." 상대가 이해하지 못했다면 그것은 언어가 될 수 없다는 뜻이다. 참 정확한 말이다. 말이라고 다 말이 아니다. 상대가 알아듣지 못하는 말, 정확하게 이해하지 못한 말을 했다면 소통은 이미 단절되고 있는 것이다.

이것은 모든 부분에서 다 동일하다고 하겠다. 책도 읽기 어렵고 난해한 것은 이미 책이 아니라고 생각한다. 책이란 대중이 꼭 알아야 할 중요한 부분이기에 저자가 출판까지 한 것이다. 그런데 대중이 읽고 무슨 말인지 통 모르겠다면 이미 책의 기능을 잃어버린 것이다. 이 책을 쓰면서도 이 부분이 매우 신경 쓰인다. 그래서 최선을 다해서 쉽게 풀어가려 노력하였다. 강의도 마찬가지이다. 청중이 졸고 앉아 있다면 강사는 반성해야 한다. 언어가 완성되지 못한 것이다. 그야말로 말도 안 되는 소리를 지껄이고 있는 것이다. 만일 강사의 말이 '언어'가 되었다면 청중의 귀에 들어갔을 것이다. 그러면 그 언어는 내적 역동을 일으키고 외적 반응을 보이게 되는 것이다.

조직에서도 이는 동일하다. 조직의 리더가 이야기를 하는데 직원들이 이를 알아듣지 못한다면, 아니 알아듣기를 거부한다면 소통이 단절된 것이다. 이런 조직은 위에서 말한 조직의 병리들이 발생한다. 조직이 발달장애를 일으키는 것이다. 알아듣도록 이야기해야 한다. 그리고 모두가 이를 이해하였는지를 확인하는 과정(피드백)이 꼭 필요하다. 그래서 상명하달(上命下達)식의 회의는 아무런 의미가 없다. 말이 안 된 것이다. 직원들의 입장에서는 어디서 들리는 '개소리'를 듣고 마친 것이 된다. 회의는 '소통의 장'이어야 한다. 그래서 리더가 이야기하고 조직원들이 반응하고 조직원들이 이야기하고 리더가 확인하는 과정들을 반복해야 한다. 그래야 회의가 바로 된 것이고 소통이 일어난 것이며 조직의 마음이 움직이기 시작하는 것이다.

둘째는 감정적인 소통이다. 솔직히 귀에는 들린다. 그러나 이것이 머리에까지는 전달되지 않는다. 무슨 소리를 하는지는 알겠다. 그러나 무은 소리인지 알고 싶지가 않다. 따르고 싶지 않은 것이다. 소통하고 싶지 않은 것이다. 조직의 마음에 빗장이 걸린 것이다. 이런 회의를 하고 나면 결과가 나오지 않는다. 다들 이해했다고 하고 각자의 업무와 역할까지 나누었지만 능률이 오르지 않는다. 마음이 닫혔기 때문이다.

왜 이럴까? 감정적 소통이 안 되었기 때문이다. 인간은 마음의 동물이다. 다른 동물들은 모두 본능대로 산다. 본능이 시키면 먹고 본능이 작동하지 않으면 눈앞에 진수성찬이 있어도 몸이 가동되지 않는다. 사자들을 보라! 목숨을 걸고 사냥에 나서다가도 눈앞에서 먹잇감이 '생쇼'(?)를 해도 꿈쩍도 하지 않는다. 본능이 시키지 않기 때문이다. 쉬운 말로 배가 부르다. 그러나 인간은 그렇게 움직이지 않는다. 배가 고파도 밥을 안 먹을 때가 많다. 마음이 닫혔기 때문이다. 몸이 천근만근이지만 잠이 오지 않는다. 마음의 문제가 일어났기 때문이다. 그래서 인간은 마음의 동물이다.

인간을 움직이는 것은 바로 마음이다. 그러므로 마음의 소통, 특히 감정적인 소통이 일어나지 않으면 조직은 와해되기 십상이다. 그렇다면 감정적인 소통의 구체적인 방법에는 어떤 것들이 있는가? 한마디로 이야기하면 상대가 신뢰할 만하다고 생각될 때 인간은 소통이 일어난다. 아니 정확하게는 소통의 마음이 열리기 시작하는 것이다. 인간중심상담의 대가 '칼 로저스'는 세 가지를 가지고 있어야 내담자와의 상담관계가 상담의 효과를 가질 수 있다고 이야기한다. 먼저는 '경청과 공감'이다. 상대의 이야기를 'hearing'하는 것은 경청이 아니다. 듣는 것일 뿐이다. 그러나 경청은 'listening'하는 것이다. 주의를 집중하여 마음으로 상대의 이야기를 담겠다는 자세이다. 상담사로 훈련받을 때 필자는 상대가 하는 이야기를 얼마나 정확하게 이해하고 들었는지를 훈련받은 적이 있다. 분명히 잘 들었다고 생각했는데 상담에서 중요한 정보들을 너무나 많이 빠뜨린다는 것을 알게 되었다. 내담자가 혹은 상대가 내 이야기를 경청한다는 확신이 생길 때 신뢰가 형성되고 소통이 일어나기 시작하는 것이다.

'공감'이란 같은 감정을 가지는 것이라고 말하지만 이것보다 더 복잡한 의미이다. 로저스는 이 부분에서 '공감이란 상대의 감정을 공감하는 것 이상의 태도를 말한다. 이는 상대가 이러한 이야기와 행동을 하는 기저의 감정을 이해하는 것이다'라고 말한다. 즉 공감이란 상대의 표현과 감정을 이해하는 것에 더해 저렇게 표현하고 나타낼 수밖에 없는 기저 감정을 이해하는 것이다. 누군가가 나의 속마음까지 이해해 준다면 그를 신뢰하지 않을 수 없을 것이다. 소통은 이런 교류 속에서 일어난다. 이 이야기를 들으면서 소통을 포기하는 분들도 계실 것이다. '저런 걸 어떻게 해? 그냥 이대로 살래...' 그러나 조직의 마음을 리드해야 하는 분들은 이런 능력을 꼭 가지고 있어야 한다. 이제 이를 시도하려는 분들에게 천금 같은 조언을 해드리고 싶다. 이러한 경청과 공감은 상대를 향한 진정한 관심을 가지게 되면 자연스럽게 되는 것이다. 진정으로 상대와 조직원들의 마음을 이해하고 공감하려고 하는 마음. 이 마음이 있으면 '경청과 공감'의 능력은 점점 더 늘어나고 조직의 마음은 점점 더 회복될 것이다. 조직의 마음이 회복되면 조직의 창의성과 폭발력 혹은 능력은 몰라보게 달라질 것이다.

다음 소통의 방법은 '무조건적 긍정적 존중과 관심'이다. '뭐지?' 이 말은 굉장히 어렵게 들린다. 뭐 특별한 소리는 아니다. 조직의 원활한 소통을 위해서는 일단 비판적 시각을 제거해야 한다는 의미이다. 처음 이야기에 '뭐 그 따위 무식한 소리를 하나?'라는 면박을 받으면 그 누구도 입을 열지 않을 것이다. 아무리 사소한 이야기에도 진리와 가치가 숨어 있다는 마음으로 존중하며 듣는 것이다. 그리고 그것을 비판하고 평가하는 것이 아니라 그 자체의 가치를 인정하고 더 발전된 이야기를 할 수 있다는 믿음을 보여주는 것이다. 그리고 다음 이야기는 더 발전적인 이야기로 대해 주는 것이 바로 '존중과 관심'이다. 상대방이 이런 태도를 보인다면 그 누가 마음을 닫을 수 있겠는가? 처음에는 미숙한 이야기로 시작했지만 점점 더 발전적인 이야기로 나아갈 수 있는 것이다. 이것이 바로 소통의 두 번째 키워드이다.

조직은 그야말로 조직이기 때문에 이런 시도가 시간낭비, 에너지낭비처럼 여겨질 때가 많다. 그러나 이것이야말로 시간과 에너지를 들여야 할 부분이다. 조직의 감정적인 소통이 여기서 시작되기 때문이고 이 감정적인 소통은 조직의 폭발적인 창의성을 유도하기 때문이다. 이것이야말로 조직의 마음이 온전히 활성화되는 지름길임을 잊지 말자.

마지막으로 마음의 소통, 감정적인 소통은 '진실성 혹은 일치성'에 영향을 받는다. 상담 현장에서는 특히 내담자의 상담사에 대한 기본적인 신뢰가 모든 상담의 성과를 위한 기초가 된다. 그런데 내담자가 느끼기에 상담사가 겉과 속이 다른 것 같다고 인식한다면 누가 진지한 마음의 이야기를 쏟아놓겠는가? 이 사람은 내 이야기를 비판 없이 들어주고 견디어줄 참 진실한 사람이라는 확신이 그의 마음을 열게 하고 그 열린 마음 안에서 새로운 방향을 향해 달려갈 수 있는 것이다. 조직에서도 다른 것이 있을까? 조직의 담론(談論), 특별히 리더의 이야기가 어제와 오늘이 다르고 또 내일이 어찌 될지 모른다면 누가 마음을 열어 소통하려 하겠는가? 소통이 단절되면 조직의 마음이 굳어지고 결국 조직의 성장이 멈추는 장애가 일어나게 되는 것이다.

마지막으로 지적인 소통, 감정적인 소통이 이루어졌다면 의지적 소통이 이루어질 차례이다. '의지'란 사전적으로 '어떤 일을 이루려는 적극적인 마음'을 말한다. 그러므로 의지적 소통을 이룬다는 것은 상호의 공통적인 목표를 서로 나누고 공유한다는 것을 의미한다. 더 쉽게 이야기하면 공동의 목표에 대해 같은 마음을 품는다는 것이다. 이것보다 더 중요한 조직의 소통이 있을까? 왜냐하면 인간이 조직을 구성하는 가장 근본적인 이유가 바로 어떤 목적을 위함이기 때문이다. 이러한 소통이 부재한다면 조직의 구성이유 자체가 사라지는 것이 되고, 당연히 이런 조직은 생명력을 잃어버릴 것이기 때문이다. 조직의 마음은 이런 의지적 소통을 통해서 비로소 완성된다.

CHAPTER

4

# 아트그램을 통한 조직소통

# 아트그램을 통한 조직소통

## 다 같을 수는 없다

앞서 이야기한 것처럼 사람은 모두 다르다. 각기 9가지로 나눠는 유형별 특징을 가지고 있으며 이러한 특징이 하나 이상 있는 사람들도 많다. 앞에서 이야기한 것처럼 모든 사람이 지성적, 감정적, 의지적 소통을 필요로 하지만 특별히 더 많은 영향력을 받는 부분이 유형적 특징별로 있다.

그러므로 아트그램은 이러한 유형별 진단의 선행을 선호한다. 왜냐하면 보다 더 분명하고 명확한 소통을 위해서이다. 유형별 진단은 앞서 이야기한 특징을 기준으로 평가하기도 하고(외모, 태도, 말투, 특징, 등) 특별한 진단지를 가지고 평가하기도 한다. 이 두 가지는 상호보완적 기능을 가지고 있으며 두 가지 모두 사용하여 유형을 정확하게 판단할 필요가 있다. 왜냐하면 정확한 유형의 이해가 명확한 소통의 근거와 소통의 원활한 완성을 가져오기 때문이다.

그래서 조직에서는 조직소통의 원활함을 위해서 조직원들의 유형적 특징을 파악하고 정확한 성격유형을 이해하는 것이 중요하다고 하겠다. 이제 아트그램의 각 유형별 소통의 특징을 알아보고자 한다.

## 사고가 났을때

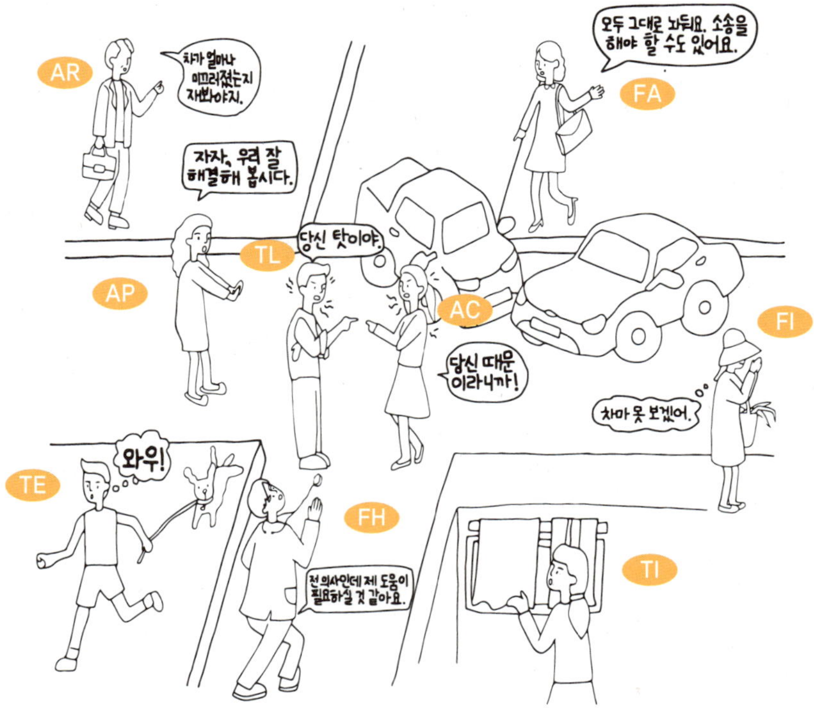


TI(사고-연구형)는 전형적인 머리형이다. 그러므로 이들의 소통의 중심에너지는 항상 '이해'에 있다. 그래서 이들과 소통하기를 원하면 '지성적 소통'의 방법이 중심이 되어야 한다. 이들에게는 많은 전문적인 정보가 제공되는 것이 좋고, 이 정보를 충분히 살펴볼 시간을 주는 것도 좋다. 이렇게 될 때, 이들은 상황과 사안에 대한 정확한 이해를 가질 수 있게 된다. 또한 이렇게 될 때 이들이 평가하고 제시하는 상황과 사안에 대한 진단과 처방은 매우 정확하고 치밀한 것이 될 가능성이 매우 높다. 문제는 이들의 '이해 에너지'를 충족시키기 위한 충분한 정보와 시간을 다른 조직원들이나 조직이 참고 기다려야 할 필요가 있다는 것이다.

TL(사고-안정형)도 머리형이다. 이들의 소통도 '지성적 범주'가 주가 된다. 그러나 이들은 TI처럼 전문적인 것을 요구하기보다는 지금 상황과 사안이 얼마나 안전해질 수 있는지에 대한 판단 근거를 제시받기를 원한다. 비전보다는 안정성을 점검하고 싶어하는 것이다. 그러므로 이들과 소통하기를 원하면 그 출발점을 '안정성'으로부터 시작해야 한다. 그래야 소통이 시작될 수 있는 것이다.

TE(사고-재미추구형)는 머리형이기는 하지만 매우 특이한 모습을 보인다. '재미'가 이들 소통의 시작점이다. 이들과 소통하기를 원하면 재미있는 아이디어들, 흥미로운 주제들, 혹은 이들의 지적 호기심이 자극되는 것들이 먼저 제공되어야 한다. 이들이 이런 동력으로 움직이기 시작하면 하는 일에 대해서 어느 정도 좋은 열매를 맺는다. 그러나 조직이 얼마나 흥미로울 수 있을까? 그래서 새로운 일을 추구하는 기획부서나 어떤 전략부서에 배치하는 것도 좋은 방법이다. 어찌 되었든 이들과의 소통의 과제는 '흥미로움'이란 것을 잊어버리면 이들과의 소통은 점점 더 금이 가기 시작할 것이다.

FI(감정-자기중심형)는 이론의 여지가 없는 감정형이다. 이들과의 소통에서 '감정적 소통'은 필수적이다. 이들은 그야말로 'feel'이 통해야 이야기하고 싶어하기 때문이다. 그래서 FI와 소통하려면 시대적인 트렌드의 이해와 인식이 선행되어야 한다. 왜냐하면 이들은 벌써 그곳에 가 있기 때문이다. 이렇게 비슷한 감정적 분위기가 형성될 때 이들이 내는 에너지는 대단하다. 창의성, 통찰, 번뜩이는 아이디어 등이 마구 쏟아진다. 소통이 왜 조직에 필요한지를 가장 잘 보여주는 유형이라고 할 수 있다. 그러나 감정만큼 유동적이고 다루기 힘든 것도 없기 때문에 이들을 위한 전문적인 케어 시스템(예를 들어 감정카페나 직원상담 시스템 등)을 구축하는 것도 조직의 소통과 유익에 매우 도움이 될 것이다.

FA(감정-성취추구형)는 감정형이기는 하지만, 매우 체계적인 사람이다. 그래서 이들에게 '지성적 접근'을 시도하기 쉽지만 이들의 소통이 일어나는 부분은 '감정적이고 정서적인 부분'이라는 것을 놓쳐서는 안 된다. 이들의 성취를 향한 열망 자체도 '감정의 부분'(인정욕구)이기 때문에 이들이 만일 감정적으로 소외된다고 느낀다면 조직의 큰 일꾼 하나가 사라질 수도 있는 것이다.

FH(감정-도움형)은 역시 감정형이라 '감성적 소통 접근'이 중요하다. 이들에게 이치나 이론을 제시하는 것만으로는 소통의 완성이 어렵다. 그러나 이들과의 감성적인 소통이 이루어지면 조직에 헌신적인 역할을 감당한다. 조직의 어머니처럼 조직원들을 감싸고 위로하고 힘을 주며 도움이 필요한 조직원들을 놓치지 않고 돕기 시작한다. FA가 소통이 완성되면 전체적 진행을 맡아서 하는 사람이 될 가능성이 크다면, FH는 그 뒤에서 후면을 책임지는 사람이 될 가능성이 크다. 그러므로 조직소통이 조직의 발전과 관리에 얼마나 중요한 역할을 하는지를 쉽게 알 수 있는 것이다.

AC(행동-도전형)는 소통은 매우 '의지적'일 필요가 있다. 전체의 리더로 자처하는 그/녀가 충분히 준비된다면 훌륭한 관리자로 세워질 수 있게 된다. 그러나 이런 그/녀에게 일련의 조직목표가 부여되지 못한다면 어떠한 소통도 이들에게는 무의미해진다. 그러므로 이들과 소통하기 위한 전제조건은 바로 '분명한 조직목표'의 공유이다. 그/녀가 이 목표를 위해 준비된 사람, 충분한 능력을 소유한 사람이라면 나아가 공유를 넘어 그/녀에게 위임된다면 아주 큰 폭발력을 나타내게 된다. 그러나 매우 주의할 것은 이들의 소통이 전체의 소통을 오히려 가로막을 수도 있다는 것이다. 왜냐하면 이들은 지나치게 목적 지향적이고 행동 우선주의라서 혼자서 달려가려 하는 오류를 범할 수 있기 때문이다. 이들은 주로 '보스와 리더' 사이에서 갈등하는 자들이다. 그러므로 이런 유형의 조직원들이 있다면 사전에 미리 충분한 능력을 소유할 수 있도록 배려해 주어야 하고 스스로의 장단점을 잘 파악하게 해서 조직을 위한, 조직소통을 위한 디딤돌 역할을 잘 할 수 있도록 해주어야 한다. 이들은 그야말로 조직소통에서 '양날의 검'과 같다.

AP(행동-평화형)는 사실 가장 부드럽게 보이지만 가장 소통이 안 되는 유형이기도 하다. 왜냐하면 소통의 가장 중심인 '자기 개방'을 잘 하지 않는 유형이기 때문이다. 그러므로 이들에게 충분한 자기 개방의 장을 열어줄 필요가 있다. '많이 물어주고 많이 들어주는 기회'를 일부러 만들어야 한다. 그렇지 않으면 스스로 무엇인가를 이야기하고 소통하려는 경우는 매우 드물다. 그렇다고 자기의 고집이나 의견이 없는 것은 아니다. 속으로 삼키다가 스스로 병이 나는 유형이다. 조직소통에 있어서 가장 요주의 대상자이다. 그런데 이들이 소통하기 시작하면 조직의 모든 것을 위해 움직이는 자가 된다. FH가 드러나지 않게 조직을 케어한다면 AP는 드러나는 부분에서 조직을 케어하기 시작한다. 그러므로 조직소통 책임자는 이들을 잘 관리하고 또 이를 통해 이들의 역량을 조직을 위해 잘 사용할 수 있어야 한다.

AR(행동-개혁형)은 조직의 방부제 역할을 한다. 늘 조직의 부족한 부분을 확인하고 점검하고 보완하려 한다. 그의 노력으로 인해 조직은 '바로' 세워지게 되지만 그것 때문에 아픈 사람들이 생길 가능성이 매우 크다. 그러므로 이들에게 소통은 조직을 위한 가장 중요한 도구가 된다. 먼저 자신의 이야기를 개별적이고 공격적으로 하지 않게 하고 공개적이고 논리적으로 할 수 있는 자리를 충분히 마련해야 한다. 이를 통해서 AR은 스스로를 다시 보는 기회도 갖고 스스로의 장단점, 특별히 조직에 어떤 영향을 미치는지 알 수 있게 된다. 또한 이들의 이야기가 틀린 것이 없기 때문에 조직이 바로 서는 데도 매우 도움이 된다. 다만 그 방법론이 미숙할 때 일어나는 조직의 상처와 균열을 막을 수 있다면 말이다.

<table>
<tr><td rowspan="9">아트그램의 9가지 성격유형</td><td rowspan="3">머리형<br>(사고형)</td><td>TI<br>(사고–연구형)</td><td>주에너지는 이해 에너지<br>불안의 기저<br>연구(이해)에 몰두</td></tr>
<tr><td>TL<br>(사고–안정형)</td><td>주에너지는 이해 에너지<br>불안의 기저<br>안정에 대한 집중</td></tr>
<tr><td>TE<br>(사고–재미추구형)</td><td>주에너지는 이해 에너지<br>불안의 기저<br>즐거움으로 불안 해소 시도</td></tr>
<tr><td rowspan="3">가슴형<br>(감정형)</td><td>FI<br>(감정–자기중심형)</td><td>주에너지는 감정 에너지<br>인정받음의 기저<br>독특함으로 인정받음 시도</td></tr>
<tr><td>FA<br>(감정–성취추구형)</td><td>주에너지는 감정 에너지<br>인정받음의 기저<br>자신의 일의 성취에 대한 인정받음을 시도</td></tr>
<tr><td>FH<br>(감정–도움형)</td><td>주에너지는 감정 에너지<br>인정받음의 기저<br>사람을 통한 인정받음을 시도</td></tr>
<tr><td rowspan="3">장형<br>(행동형)</td><td>AC<br>(행동–도전형)</td><td>주에너지는 행동 에너지<br>두려움의 기저<br>지배받기 전에 먼저 지배하려 함</td></tr>
<tr><td>AP<br>(행동–평화형)</td><td>주에너지는 행동 에너지<br>두려움의 기저<br>평화를 이루어 두려움 해소하려 함</td></tr>
<tr><td>AR<br>(행동–개혁형)</td><td>주에너지는 행동 에너지<br>두려움의 기저<br>기본적인 틀로 자신과 타인을 규정지으려 함</td></tr>
</table>

## 상징으로 통한다

이제 아트그램의 진단으로 조직원들을 이해했다면 조직원들의 특징에 따라 소통을 시작해야 한다. 그러나 막상 어떻게 시작해야 할지 모르는 리더나 조직이라면 '상징'을 사용해 보라고 권면하고 싶다.

'상징' 작업은 아트그램에서 초기 프로그램으로 적용하는 미술치료의 이론으로 먼저 심리적 저항을 감소시키고 조직원들의 마음과 소통의 주제들을 아주 효율적으로 내놓게 하는 탁월한 과정이다.

*사전적으로 상징이란 '정확한 유사성에 의해서가 아니라 모호한 암시나 어떤 우연적이거나 전통적인 관계에 있어서 어떤 다른 것을 나타내고 표현하고 표시하는 것'으로 정의하고 있다. Beres에 의하면 상징은 그것이 표상하는 것을 대신하는 것이 아니라 반드시 대표해야 한다. 그러므로 상징이란 즉각적인 외적 자극이 없는 조건에서도 표상적 대상을 불러일으킬 수 있다. 이러한 상징의 중요성은 보다 복잡한 다른 정신적 표상인 심상, 환상, 사고, 개념, 꿈, 환각, 증상, 언어 등의 기본적 요소를 제공해 준다.*

*상징화 과정은 다음의 세 단계로 이루어지는데 첫 번째 수준에서 감각 정보를 가정한다. 두 번째 수준에서 이러한 일차적 감각들은 지각으로 조직화된다. 세 번째 수준에서 실제로 존재하지 않는 어떤 것에 대한 정신적 표상이 된다. Beres는 상징화 과정의 병리가 나타나는 세 가지 임상 영역을 주목한 바 있다. 아동의 지체된 자아 발달, 정신분열증, 기질적인 뇌 손상이다. 이 세 가지 모두에서 보이는 근본적인 요소는 자아의 현실기능의 지속적인 장애이다.*

*정신적 표상이란 의식에서 상징, 심상, 환상, 사고, 감정 또는 행동으로 일어날 수 있다고 가정되는 무의식적 정신조직이다. 정신과정이나 정신적 표상에 투여된 정신 에너지(본능적 충동에너지)의 양을 부착이라고 한다. 정신적 표상들은 심상, 환상 또는 사고의 형태로써 의식으로 떠오를 수 있다. 이러한 의식적 증거의 기본 요소는 상징이다. 상징화가 중요한 역할을 담당하는 또 다른 정신기능의 영역은 의식과 무의식의 관계를 고려하는 것이다. 상징이란 무의식적 정신내용에 의식적인 표현을 제공함으로써 적응과 의사소통의 기능을 하게 된다. 그러므로 상징적 매개물이 이상적이어야 한다. 시각적 심상을 사용함으로써 '자아기능이 약하고 상징을 만드는 기능이 손상된' 환자들이 거의 모든 문명화된 기능에서 기초적인 능력으로 나타나는 상징화 능력을 개발시키는 데 도움을 받을 수 있다. 그리고 미술에서 상징적 표현에 의해 이루어지는 역할의 일부를 이해함으로써 치료작업에서 보다 효과적으로 사용될 수 있으며 치료의 효과를 보다 더 잘 설명할 수 있을 것이다.*

'상징'에 대한 기초적인 이론이다. 필자가 싫어하는 아주 복잡한 이야기이다. 이렇게 설명하고 마친다면 틀림없이 설명한 사람도 모르고 있는 것이고 듣는 사람도 마찬가지로 모를 것이다. 인간은 어떤 정보를 받아들이고 뇌 속에 저장한다. 그러나 대상을 그대로 저장하는 사람은 아무도 없다는 것이다. 사람이 어떤 정보를 저장할 때는 반드시 '상징적인 형태'로 저장한다(심상). 그리고 그 저장된 기억이 다시 필요할 때 출력되는 것이 바로 '상징'이다.

예를 들어보자. 어떤 욕심꾸러기 상사가 있다고 하자. 그를 볼 때마다 탐욕스러운 돼지가 생각난다. 부하직원은 그를 뇌 속에 저장할 때 '상징화'시켜서 저장한다. '상사=돼지' 그래서 그 상사는 그 직원에게 돼지로 저장된다. 이것이 바로 심상이다. 그리고 그 상사에 관한 기억을 출력할 때 '돼지'가 출력되는 것이다. 이 상징을 보고 우리는 그 직원의 상사를 향한 마음이 어떠한지 그리고 그 상사의 직원을 향한 태도가 어떠한지를 유추할 수 있다.

만일 '상징'작업이 아닌 다른 작업으로 그 마음을 표현하려 하면 아주 큰 저항과 그 저항을 피하여 표현하게 하는 수많은 시간들과 노력이 필요하다. 그러나 아트그램의 '상징화'작업은 이 모든 것을 단번에 뛰어넘어 모든 것을 '한 컷'(?)으로 표현해 낸다.

그래서 아트그램의 초기작업에서 '상징화 프로그램을 잘 이용한다. 예를 들면 '나를 상징하는 상징물을 그려보기' '우리 조직의 문제를 표현하는 상징물 그려보기' 등이다. 이 작업은 저항도 없앨 뿐만 아니라 기발한 표현과 아이디어로 조직의 창의성을 돋보이게 하며 각자의 내레이션 작업을 통해 자연스러운 소통의 장을 제공한다.

아트그램에서 여러 가지 '상징'작업의 예시들 1

아트그램에서 여러 가지 '상징'작업의 예시들 2

아트그램에서 여러 가지 '상징'작업의 예시들 3

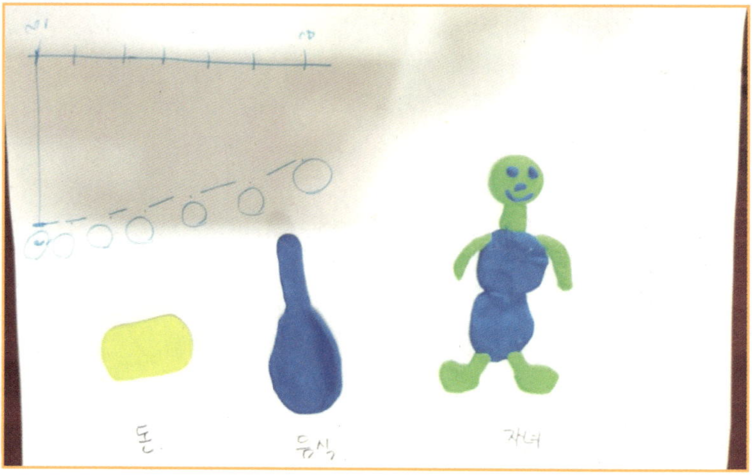


아트그램에서 여러 가지 '상징'작업의 예시들 4

아트그램에서 여러 가지 '상징'작업의 예시들 5

## 나와 우리를 정면으로 바라보기

아트그램에서 사용하는 프로그램은 두 단계라고 이야기했다. 첫째는 분석기법을 통해서 개인과 조직의 성향을 파악하고, 둘째는 발견된 개인과 조직의 문제나 갈등, 소통 단절 등의 문제를 치료기법(회복기법)을 통해서 해결해 나간다. 분석기법은 에니어그램의 이론에 기초하여 필자의 상담심리학적 지식들이 더해져서 개인과 조직에 대한 보다 정확하고 현실적인 분석을 실시한다고 할 수 있다. 이후 치료기법(회복기법)에서는 미술치료의 이론을 기초로 하여 개인과 집단의 심리관계적인 문제들과 소통의 문제점들을 하나하나 해결해 나간다.

그런데 왜 하필 미술치료의 이론과 방법들을 사용할까? 이를 위해 미술치료에 대한 간략한 이해와 그 장점을 알아보자. 미술치료(Art therapy)란 '존재론적으로 불안한 인간의 여러 가지 심리적 문제를 미술치료적 방법으로 돕는 학문'을 말한다. '존재론적으로 불안한 인간'에 대해서는 이 책의 서두에서 충분히 설명했기 때문에 여기서는 다시 설명하지 않겠다.

미술치료적인 방법과 영역에 대한 이해는 참으로 다양한데 여기서 말하는 미술치료적 방법론은 협의적으로는 회화, 조소 등 미술적 기법을 의미한다고 할 수 있다. 그래서 미술치료에서는 회화적이고 조소(혹은 소조)적인 작업을 많이 한다. 또한 광의적으로는 음악, 미술, 춤, 시, 놀이 등 인간활동의 모든 것을 포함한다고 할 수 있다. 이런 의미에서 모든 것이 미술치료의 방법과 영역이 될 수 있다. 때문에 미술치료의 방법과 영역의 다양성은 무궁무진하다고 하겠다.

이러한 미술치료의 장점은 굳이 설명하자면 크게 여섯 가지로 이야기할 수 있다. 첫째, 미술치료에서의 작업은 심상의 표현이다. 이 설명은 '상징'에서 설명하였다. 둘째, 미술치료에서의 작업은 방어가 감소된다. 왜 그런지도 '상징'을 설명하면서 충분히 설명되었다고 본다. 셋째, 미술치료에서의 작업은 어떤 유형의 대상을 즉시 얻을 수 있다. 이를 '미술치료의 대상성'이라고 부른다. 이 부분은 미술치료에서의 상징 다음으로 강조하고 싶은 부분이다. 우리가 개인이나 조직의 문제에 대한 분석이나 파악을 진행할 때, 밝혀진 문제가 부인되거나 희석되거나 망각되어 버리는 경우가 있다. 쉽게 말해 당사자가 부인해 버리는 것이다. 이럴 경우 문제를 찾는 데 걸린 노력과 시간이 한순간에 사라져 버릴 수도 있다. 그러나 미술치료는 '작품'이라는 '대상성'이 있기 때문에 이 작품을 통해서 밝혀진 문제들을 누구나 객관적으로 바라보고 인식할 수 있다. 그러므로 문제 탐구에 대한 노력과 시간이 결코 사라지지 않고 객관화되어 존재하는 이점이 미술치료에는 있다. 한마디로 도망갈 구멍이 없는 것이다. 넷째, 미술치료에서의 작업은 자료의 영속성이 있어 회상할 수 있다. 이를 '미술치료의 영속성 혹은 항상성'이라고 부른다. 미술치료만의 장점이기도 한다. 작품이 남기 때문에 지금이 아니라도 언제든지 그 작품을 통해서 객관화된 문제를 다시 점검하고 확인할 수 있기 때문에, 문제의 재발을 막고 개인과 조직이 스스로를 다시 조정할 수 있는 것이다. 이 '대상성과 영속성(항상성)'은 '상징'과 함께 필자가 가장 탁월하게 여기는 장점이라고 할 수 있다. 다섯째, 미술치료에서의 작업은 공간성을 지닌다. 이 말은 조금 어려운 말이기도 하다. 미술치료를 하는 순간, 내담자와 상담사 그리고 그 작품이 만들어가는 공간이 새롭게 형성되는 것이다. 그곳은 이제 안전한 곳이 되고 회복의 장이 된다. 미술치료에는 작품 안에서 이런 '공간성'이 형성되는 이점이 있다. 여섯째, 미술은 창조성과 신체적 에너지를 유발한다. 미술치료작업 자체로만으로도 충분한 에너지와 창조성이 개발됨으로써 특별한 이야기와 진단이 없어도 개인과 조직이 활성화되고 뛰어난 창조성과 아이디어의 능력이 함양되는 것이다.

조직소통에서 이러한 아트그램적 접근은 소통의 용이성과 창의성, 안정성과 활성화 등을 이룰 수 있는 탁월한 방법이라고 필자는 굳게 믿는다.

## 소통이 예술이 된다

아트그램이 사용하는 미술치료는 조직의 소통에 왜 이런 탁월한 효과를 발휘할 수 있는가? 그것은 아마 미술치료가 가지는 매체와 색채의 힘이라고 할 수 있다.

매체란 라틴어 'Metaxu'(중간자)를 번역한 것으로 '가운데 또는 중간의'를 의미하며 관련어 'Medius'는 '사이에 있다'는 뜻이다. 즉 매체란 사이에 있으면서 무엇을 한쪽에서 다른 쪽으로 전달하거나 퍼뜨리는 역할을 하는 수단으로써 어떤 의사나 사실을 전달하는 도구라고 할 수 있다. 이 매체는 특히 표현에서의 매개가 되는 것으로 미술작품을 만들 때 내담자의 시각과 촉각에 영향을 미치고 심리상태를 강화시키거나 소멸시킬 수 있으며 자기표현의 자유에 영향을 미칠 수 있는 것을 말한다. 또한 매체는 어떤 대상을 여과 없이 투과시키는 매개나 주어진 정보를 있는 그대로 전달하는 것이 아니라, 정보를 대상에게 인식시키기 위해 필요한 상호 의사소통체계이며 형식적 틀이다.

미술치료에서의 매체란 필수적인 도구로 회화, 조각 등 예술표현의 수단 또는 수단에 쓰이는 재료를 통틀어 이르는 말이며 소묘, 회화, 조각, 공예 등에 관련된 미술재료와 선, 형태 등과 같은 표현요소 및 통일성, 균형, 강조 등과 같은 표현방식을 통틀어서 지칭할 수 있다.

매체의 분류는 회화매체, 조소매체, 공예매체 등으로 나눌 수 있다. 회화매체에는 연필, 펜, 크레파스, 목탄, 수채물감, 유화물감, 템페라 물감, 포스터컬러 물감 등이 있으며, 조소매체에는 찰흙, 지점토, 컬러점토, 석고가루 등이 있다. 공예매체는 수수깡, 색 철사, 각종 끈, 스티로폼 등이다. 여기에 더해 기본적인 종이류가 들어가지만 그 매체의 다양성을 이 책에 모두 담을 수 없을 정도로 많다. 미술치료의 정의를 설명할 때 인간활동에 사용되는 모든 것이 매체가 될 수 있다고 설명했었다.

매체 사용 시의 유의점은 다음과 같다. 첫째, 매체가 다양할수록 내담자들이 자신만의 독특한 취미와 선호, 자신이 좋아하는 표현의 형태를 찾아내고 발견할 수 있을 것이다. 둘째, 매체는 치료의 대상이나 치료시간의 구성 내지는 다른 요소에 따라 목적에 맞게 선택하는 것이 무엇보다 중요하다. 셋째, 단순하고 덜 구조화된 매체일수록 내담자의 심리적 투사가 용이하며 내담자의 감각을 자극하게 된다. 넷째, 친밀감을 형성하고 흥미를 부여할 수 있는 매체, 욕구 표출에 용이한 매체, 정서적 안정을 주는 매체, 자발성을 향상시키는 매체는 무엇인지 끊임없이 연구하고 경험하여야 한다. 왜냐하면 미술매체는 내담자의 심리를 촉진하거나 통제하는 데 매우 중요한 역할을 하기 때문이다. 다섯째, 습식매체는 심리를 촉진(이완), 건조매체는 심리를 통제하는 경향이 있다. 이를 잘 이해하고 매체를 사용할 필요가 있다. 또한 여섯째, 매체 구입 시, 구입할 수 있는 가장 좋은 매체를 사용해야 하고, 매체들이 안전하고 깨끗한지 확인해야 하며, 독소가 없는 것을 사용한다. 일곱째, 매체를 보관할 안전한 장소가 있어야 한다.

색이란 빛이 눈에 들어와 시신경을 자극하여 뇌의 시각중추에 전달됨으로써 생기는 감각이다. 감각이라는 말은 색이 심리상태(정서상태)와 깊이 관련된다는 의미이다. 그러므로 색은 바로 마음이다. 색과 색채의 표현을 통해서 우리는 사람의 마음에 간접적으로 접근할 수 있게 된다.

이러한 색채와 가장 깊은 관계가 있는 것은 역시 빛이다. 빛은 약 380~780nm까지의 가시광선 영역과 380nm보다 짧은 파장의 영역인 자외선(ultra violet) 영역 그리고 780nm보다 긴 파장의 영역인 적외선(infra red) 영역이 있다. 우리가 볼 수 있는 빛의 영역, 즉 색의 영역은 매우 한정적이라는 것을 알 수 있다. 색이 마음과 매우 비슷한 역동을 지닌다고 간주한다면 이는 우리가 상대의 심리상태(정서상태)를 알아채기가 매우 어렵다는 것을 의미한다고 할 수 있다. 또한 알아도 아주 일부분일 가능성이 크다.

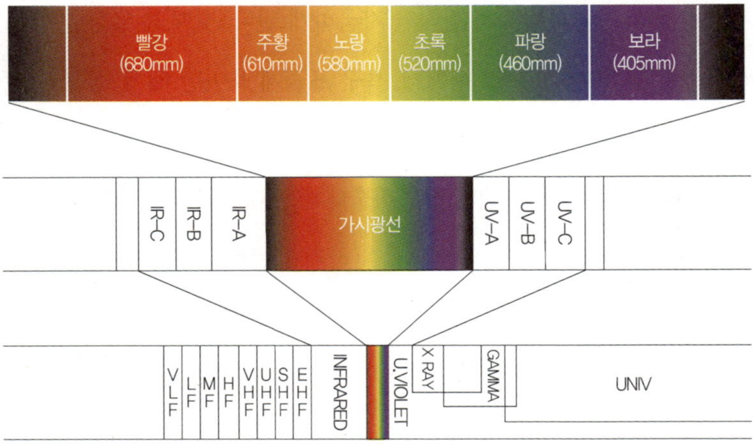


가시광선

이러한 빛이 물체에 반사되거나 투사되어 나타나는 것을 물체색이라고 부른다. 물체의 대부분은 물체 자체가 색을 발하지 않고 빛을 반사하거나 투과하여 색을 나타내는 물체색(object color)이지만 물체가 스스로 빛을 발산하여 색을 나타내는 광원색(lightsource color)도 있다. 마음에 빗대어 이야기한다면 물체색은 '보여주고 싶은 마음'이라고 할 수 있고 광원색은 '그 속마음 혹은 원래의 마음'이라고 할 수 있다. 그렇다면 두 색 중 어느 색이 진짜 그 색일까? 마음으로 이야기하면 어느 마음이 진짜 마음일까? 사실 두 가지 다 그의 마음이다. 원래의 마음은 당연히 그의 마음이겠지만 보여주고 싶은 마음은 그 나름대로 보여주고 싶은 이유를 통해서 그의 마음을 강하게 표현하는 것이기에 그의 마음에 속한다.

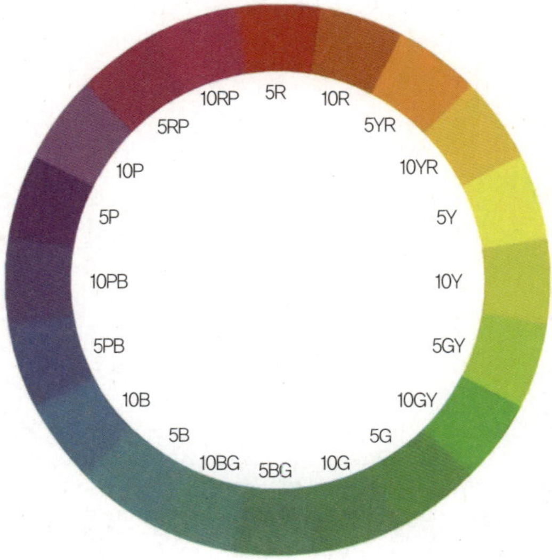


색상환

색에는 색의 특징을 결정짓는 '색의 3요소'가 있다. 우리가 색채를 보고 느끼는 요인에는 빛의 파장 자체를 나타내는 색상(Hue), 밝고 어두운 정도를 나타내는 명도(Value), 색 파장의 순수한 정도를 나타내는 채도(Chroma)가 있으며 어떤 색채를 지각할 때 항상 이 세 가지를 함께 느끼게 된다. '색상'이란 유채색만이 갖는 빨강, 파랑, 녹색 등의 색의 차이를 의미한다. 앞의 이야기처럼 이는 마음으로 치면 '표현되는 마음'이다. '명도'는 색상과는 관계없이 색의 밝고 어두운 정도를 말한다. 색의 밝기가 흰색에 가까울수록 명도가 높고, 검은색에 가까울수록 명도는 낮다. 이는 미술치료에서 '표현하려는 마음의 깊이'로 이해한다. 명도가 낮을수록 그의 마음이 깊이 침잠되어 있다는 것을 알 수 있다. '채도'는 색의 순수한 정도, 즉 색의 탁하고 선명한 정도를 나타내는 것이다. 이는 '표현하려는 마음의 갈등 정도'를 표현한다고 할 수 있다.

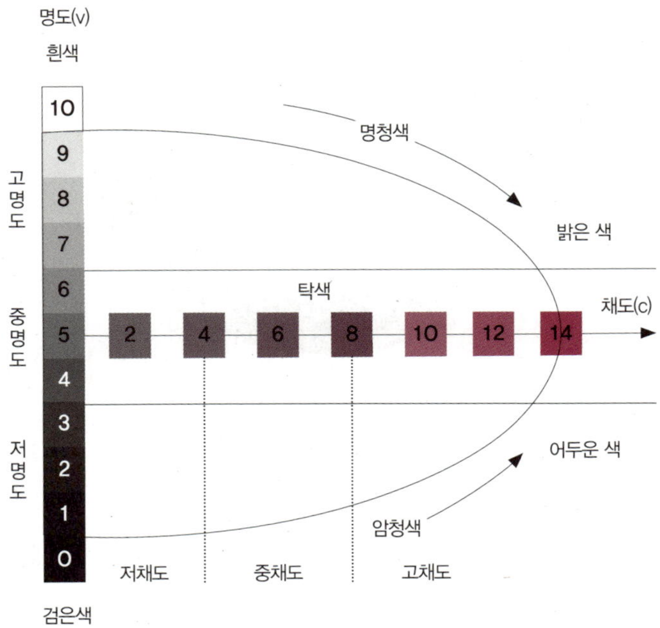


색에는 다양한 심리적 효과가 있다. 먼저 색에는 '온도감'이 있다. 색의 온도감은 색상이 주는 따뜻함과 차가움의 정도를 말한다. 이것은 주로 색상과 관계가 있으며 따뜻한 느낌을 주는 색을 난색, 차가운 느낌을 주는 색을 한색, 따뜻하지도 차갑지도 않은 느낌을 주는 색을 중성색이라고 한다. 따라서 빨강 계열은 난색, 파랑 계열은 한색, 초록과 보라 계열은 중성색이다.

색의 온도감

색의 온도감

또한 색으로 '무게감' '경연감(딱딱하고 부드러움)' '흥분감(감정의 크기)' '시간감' 등을 표현할 수도 있다. 비렌(Faber Birren)에 의하면 장파장(난색) 계통의 색채가 있는 실내에서는 시간의 흐름이 길게 느껴지고 단파장(한색) 계통의 색채가 있는 실내에서는 시간의 흐름이 짧게 느껴진다고 한다. 이는 빨강 계열 실내에서는 시간이 실제 시간보다 길게 느껴지고 파랑 계열 실내에서는 시간이 실제 시간보다 짧게 느끼기 쉽다는 것이다. 색으로 '계절감'도 표현할 수 있다. 계절과 생명주기의 여러 단계를 묘사하는 데 색채를 종종 사용한다. 특히 의복에도 이러한 색 감각이 많이 사용된다.



색의 무게감

색의 무게감

색의 경연감

색의 경연감

색의 흥분감

색의 흥분감

특별히 색에는 각각의 색이 나타내는 '연상'들이 있다. 무채색 계열로 보면 '흰색'은 '청순, 결백, 신성, 웨딩드레스, 청정 등'을 싱징하고 '회색'은 '평범, 소극적, 차분, 쓸쓸함, 안정, 스님 등'을 나타낸다. '검은색'은 '밤, 약함 혹은 강함, 신비, 정숙, 슬픔, 불안, 상복, 모던, 장엄함, 죽음, 공포 등'을 의미한다. '유채색' 계열은 더욱 다양하다. '빨간색'은 밝은 계통일 경우 '행복, 봄, 온화함, 젊음, 순정 등'을 상징하며 순색일 경우 '기쁨, 정열, 강렬, 위험, 혁명 등'을 나타낸다. 어두운 계통일 경우 '힘, 답답함, 무거움' 등을 의미한다. '주황색'은 밝은 색일 경우 '따뜻함, 기쁨, 명랑, 애정, 희망 등'을 순색일 경우 '화려함, 악동, 무질서, 명예 등'을 나타낸다. 어두울 때에는 '가을, 풍요, 칙칙함, 엄격, 노후됨, 중후함 등'을 상징한다. '노란색'은 밝은 색일 경우 '미숙, 활발, 소년 등'을 의미하고 순색일 경우 '황제, 환희, 발전, 노폐, 경박, 도전 등'을 의미하며 어두운 색일 경우 '신비, 풍요, 어두움, 음기 등'을 나타내기도 한다. '연두색'은 어두운 색일 때 '초보적인 신록, 목장, 초원 등'을 상징하고 순색일 경우 '생명, 산뜻, 사랑, 소박 등'을 나타낸다. 어두운 색일 경우 '안정, 차분함, 자연적임 등'을 의미하기도 한다. '초록색'은 밝은 계통일 경우 '양기, 온기, 명랑, 기쁨, 평화, 희망, 건강, 안정, 상쾌, 산뜻 등'을 나타내며 순색일 경우 '희망, 휴식, 위안, 지성, 고독, 생명 등'을 의미하며 어두운 계통인 경우 '침착, 우수, 심원함 등'을 나타낸다. '파란색'은 밝은 경우 '젊음, 하늘, 신, 조용함, 상상, 평화 등'을 의미하고 순색일 경우 '희망, 이상, 진리, 냉정, 젊음 등'을 나타내며 어두운 색일 경우 '어두움, 근심, 쓸쓸함, 고독, 반성, 보수적 등'으로 상징된다. '남색'은 밝은 색일 경우 '장엄, 신비, 천국, 환상, 차가움 등'으로, 순색일 경우 '차가움, 왕실, 이해 등'으로, 어두운 색일 경우 '위엄, 숙연함, 불안, 공포, 고독, 신비 등'으로 상징된다. '보라색'은 밝은 계열인 경우 '귀인, 고풍, 고귀, 우아, 근엄, 부드러움, 그늘, 실망 등'이 표현되며 순색일 경우 '고귀, 섬세함, 퇴폐, 권력, 도발 등'이, 어두운 계열일 경우 '공포, 불안, 무거움 등'이 상징된다. '자주색'은 밝은 색일 경우 '도시적, 화려함, 사치, 섹시함 등'을 나타내고 순색일 경우 '궁중, 왕관, 권력, 허영 등'을, 어두운 색일 경우 '신비, 중후, 견실, 칙칙함, 고풍, 고뇌, 우수 등'을 나타낸다.

이처럼 사람의 마음은 표현하는 '상징화'를 통해 그 마음이 웅변처럼 나타날 뿐만 아니라, 표현하는 '매체와 색채'를 통해서 그들의 심리가 모두 표현된다. 이들이 합쳐진 '작품'은 그래서 단순한 그림이 아니라 그들의 정신세계 그 자체이다. 그러므로 아트그램에서 미술치료의 이론과 방법들을 적극적으로 활용하는 것은 지극히 당연한 일이라고 하겠다. 더욱이 소통은 그 마음을 내어놓고 성찰하고 상호 수용 및 조정하는 과정이라고 한다면, 이처럼 탁월하게 심리적 대화를 나누게 하는 아트그램이야말로 최적의 수단이라고 말할 수 있을 것이다.

CHAPTER

5

# 아트그램을 통한 조직소통의 실제

# 아트그램을 통한 조직소통의 실제

이제 아트그램을 통해 구체적인 소통의 현장을 바라보려고 한다. 조직의 소통과 활성화를 위해서 어떤 시도가 필요한지 알아보자. 이 부분에서 다양하고 아주 많은 부분이 다루어지겠지만 여기서는 조직 속에서 상사와 부하직원의 소통에서 일어날 수 있는 많은 이야기와 그 해법을 중심으로, 특히 상사의 태도와 해법을 중심으로 이야기해 보겠다.

## TI상사와 조직 간의 소통 : 재미없고 일만 잘하는 부장님 생각이 난다

TI는 매우 전문성 있는 상사이다. 그는 탐구열이 매우 강하고 하는 일에 대해서는 거의 박사수준이다. 어떤 부분을 시작하면 거의 그 분야에만 집중하는 성향을 가지고 있다. 그러나 대인관계에는 조금 미숙하다. 일은 잘하지만 다른 사람들에게 일을 지시하는 것은 조금 어색하고 편하지 않다. 말수가 그리 많은 편이 아니기 때문에 부하직원들도 조금 어려워하는 상사이다. 몰상식한 일을 하지 않지만 그의 지시를 잘 못 알아들을 때도 있다. 너무 작은 소리로 지시하거나 너무 전문적일 때가 많기 때문이다. 그와 함께 무엇을 하려고 하면 사전작업(자료 확보 등)에 많은 시간을 쏟기 때문에 급한 성격의 부하직원이라면 답답해 보일 수도 있다. 그리고 철저한 자료를 준비하지 못한 부하직원이라면 TI상사 앞에서 어려움을 당할 수도 있다. 재미없는 스타일이기 때문에 회식이나 업무 외적인 모임을 싫어하고 함께하는 사람들도 그리 기뻐하지 않는다. 조용히 술을 마시다가 먼저 일어난다. 그가 일어나면 회식자리가 더 무르익는 것을 알기 때문이기도 하지만 이런 자리를 사실 별로 좋아하지 않는다. 시간이 아깝다고 생각한다.

TI상사와 TI부하직원이 만나면 하루 종일 절간이다. 너무 조용하다. 그러나 각자를 살펴보면 너무 진지하게 자신의 일을 하고 있다. 일에 빠져 퇴근시간이 된 줄도 모르고 함께 일하고 있을 때가 많다. 업무의 전문적인 부분에서 토론할 때에는 조금 열기가 나는 듯하지만 곧 각자의 일에 매달린다. 서로에 대한 인식이 좋기 때문에 갈등이 생길 일은 거의 없다. 다만 서로가 이해하는 업무의 초점이 맞지 않을 때가 있다. 서로 소통에 미숙하기 때문이다. 이들에게는 이런 정확한 소통의 시간, 특별히 서로의 초점이 정확하게 일치하는지에 대한 대화가 필요하다. 아니면 너무 많은 열정과 시간을 사용하고도 부하직원의 업무가 쓸데없는 것이 되기에 십상이기 때문이다.

TI상사와 TL부하직원 사이에는 아무런 갈등이 없다. 왜냐하면 TI상사는 특별한 일이 없으면 부하직원을 공격하지 않는다. 다만 정확한 업무능력을 갖추지 못했을 때만 조용히 나무란다. TL은 상사가 무엇을 원하는지 정확하게 아는 편이다. 그래서 상사의 지시에 정확하게 반응하고 업무를 처리하려고 무던히도 노력한다. TI상사가 완전히 만족하지는 못하지만 그래도 어느 정도 TL을 만족해 하는 분위기이다. 그런데 여기서 TL의 스트레스가 의외로 많다. 이 '안정된' 상황을 유지하지 못할 것 같은 불안 때문이다. TI상사가 TL의 이런 마음을 이해한다면 정기적으로 잘하고 있다고 칭찬해 주어야 한다. 그래야 TL이 안정적으로 일하고 있음을 이해하게 되고 더 효율적으로 업무를 처리할 수 있는 힘을 얻기 때문이다.

TI상사와 TE부하직원 사이에는 코드가 잘 맞지 않는 것 같으면서도 코드가 잘 맞는다. TI상사는 매우 정확한 업무처리뿐만 아니라 업무에 대한 깊은 전문성을 요구한다. 스스로도 그 기준에 부합하려고 노력한다. 그래서 재미가 없다. TE는 이 점이 늘 불만이다. 직장생활이 늘 동일한 리듬으로 진행되는 것에 대한 불만을 늘 토로한다. 그래서 때로는 전혀 엉뚱한 업무방향을 제시하기도 하고 시키지도 않은 새로운 일을 진행시키기도 한다. 그러나 TE는 이 일을 대충 하지는 않는다. 매우 정확하고 일목요연하게 처리해 나가기 때문에 TI가 미워할 수가 없다. TE도 머리형이기 때문이다. 다만 '재미'라는 코드가 전혀 맞지 않기 때문에 TI는 TE를 '가벼운 사람'으로, TE는 TI를 '고리타분한 사람'으로 치부해 버려서 깊은 인간관계를 맺는 데는 약간의 어려움이 있다. 그래서

TI와 TE가 같은 취향을 빨리 알아내어 그 부분에서 소통의 물꼬를 트는 것이 중요하다.

TI상사가 FI를 만나면 참 힘들어한다. TI는 FI를 볼 때마다, 도무지 그/녀를 이해할 수 없다고 투덜댄다. 너무 자유로운 영혼이기 때문이다. 규율이나 원칙에 무척이나 무심하고 자신의 생각대로 변경시켜서 작업을 한다. 감정적으로도 'up-down'이 잦아 팀의 분위기를 한껏 띄웠다가도 어느 날은 팀을 완전히 어렵게 만든다. 그런데 일을 시키면 잘 해내기 때문에 함부로 자르지도(?) 못한다. 그/녀의 통찰과 업무 추진능력을 가진 사람을 구하기가 쉽지 않기 때문이다. 그래서 'TI-FI' 커플(?)에서 거의 대부분 TI가 피해자이다. 그러나 FI 입장에서 보면 직장상사가 너무나 답답한 사람으로 이해된다. 늘 변화 없이 제자리에다가, 업무나 능력의 깊이는 좀 있지만 그/녀에게는 시대에 뒤떨어져 보인다. 그래서 둘 사이에 찬 기운이 감돌 때가 많다. 조직을 위해서 서로가 이런 부분을 해소해야 한다. 어떻게 해소해야 할까? FI에게는 특별한 별도의 프로젝트를 맡기면 된다. 그리고 그의 능력을 공개적으로 칭찬해야 한다. 사실 잘 하기도 한다. 그러면 FI는 될 수 있으면 TI에게 거슬리는 행동을 하려 하지 않는다. 자신도 자신이 인정받는 것이 쉽지 않다는 것을 알기 때문이다. '위임과 칭찬'이 TI상사와 FI부하직원 사이에 소통의 다리를 놓는 기초이다.

TI상사와 FA부하직원 사이는 외적으로 큰 무리가 없어 보인다. FA가 업무에서 인정받으려고 부단히 노력하기 때문이다. 그러나 그 인정욕구가 좌절될 가능성도 적지 않다. 왜냐하면 그의 상사가 바로 TI이기 때문이다. 사실 그 누구도 TI와 같은 업무적 깊이를 가지지는 못한다. 그런데 FA는 업무로써 인정받으려는 강한 성향으로 말미암아 스스로 스트레스를 많이 받는다. 앞서 말했듯이 FA가 업무에서는 탁월한 능력을 발휘하지만 깊이로는 TI를 따라갈 수 없기 때문이다. 이런 그의 모습에 TI는 매우 만족해 하지만 그의 성향상 이를 잘 표현하지 않기 때문에 FA가 혼자 힘들어할 수 있다. 그러므로 TI가 이런 종류의 일은 어려워하는 것이기는 하지만 스스로의 마음과 생각을 FA에게 자주 표현해 줄 필요가 있다. "잘 하고 있다. 당신의 업무에 만족하고 있다." 그러면 FA는 자신의 최선을 넘어서 최고의 성과를 올리려고 노력할 것이다.

TI상사는 FH를 사랑한다. 사실 FH는 누구에게나 사랑받는 스타일이다. 드러나지 않게 조직 안의 사람들을 돕기 때문이고 이를 스스로도 매우 즐거워하기 때문이다. 그러나 그것이 업무 외적인 면으로 벗어날 수가 있다. 그것이 FH의 최대 단점이다. 공(公)과 사(私)를 잘 구별하지 못한다. 이것이 개인적으로는 매우 좋아하는 일이고 그와 함께하는 사람들에게는 도움되는 일일지 모르지만 조직에는 오히려 독이 될 수 있다. 그래서 FH를 아끼는 TI가 그 문제로 인해 고민이 될 때가 많다. 말을 정확하게 해주는 스타일은 아니기에 빗대어 FH에게 말해 주지만, 사실 FH는 잘 알아듣지 못한다. 정확하고 분명하게 알려주어야 하는 것이 바로 TI상사의 과제이다. 그리고 업무와 업무 외적인 일에 대한 분명한 경계를 알려줄 필요도 있다. 하지만 FH가 이것 외에는 조직을 부드럽고 온화하게 만드는 역할을 하기에 나쁘지만은 않다.

TI와 AC가 만났다. TI가 불쌍하다. 어떤 경우에는 AC가 상사 같을 때가 많다. TI는 잘 나서려 하지 않는 반면 AC는 목숨 걸고(?) 나서려 하기 때문이다. 이것이 AC의 월권으로 발전하는 것이 비일비재하다. 또한 AC는 늘 TI의 리더십 부재에 대한 아쉬움을 토로한다. 그리고 자신이 조직의 리더가 되어야 한다고 공공연하게 불평한다. 그래서 이 두 사람은 늘 불편한 동거를 하게 된다. 업무적으로도 AC는 TI의 마음에 만족하게 완성하지 못한다. 그러면서도 큰 소리를 치는 AC가 너무 안타깝다. 하지만 이상하리만치 TI상사는 AC에게 큰 소리를 내지 못한다. 조용히 도태되어 물러나기만 바란다고 해야 하나? 이 때문에 조직이 늘 알지 못하는 구름 속에 있다. TI상사가 결단해야 한다. AC에게 분명한 경계를 알려주고 말보다는 업무의 결과로 스스로를 증명할 수 있도록 자극해야 한다. 만일 AC가 말귀를 잘 알아듣고 업무에서도 어떤 진척을 보인다면 그에게 부리더의 자리를 마련해 주는 것도 조직의 효율성 면에서는 도움이 된다. 그러나 부리더가 된 AC가 다른 조직원들에게 필요이상의 간섭과 상처를 줄 수 있음을 기억하고 늘 AC에게는 '권한과 한계'를 분명히 설명할 필요가 있다. 문제는 TI상사가 이것을 잘 못한다는 것에 있다.

TI상사에게 AP는 무척이나 좋은 부하직원이다. 그는 항상 TI가 해야 할 말을 대신 해주고 TI가 해야 할 어려운 일들을 척척 알아서 해준다. 그래서 TI는 AP를 마음으로 신뢰하고 어떤 업무든지 AP에게 위임하고 싶어한다. AP 또한 자신의 상황이 어떠하든 TI의 지시사항과 상황이 온전히 완성될 수 있도록 노력한다. 그런데 문제는 AP가 스트레스를 많이 받는 성격이라는 것이다. 아울러 그 스트레스를 외적으로 표현하지도 못한다. 그러니 TI는 좋지만 AP는 점점 더 늙어(?)간다. 어느 날 갑자기 쓰러질 수도 있다. 몸과 마음이 동시에 고장나는 것이다. 그러므로 TI는 AP의 마음을 매번 풀어주는 데 힘을 써야 한다. 나머지는 AP가 다 알아서 한다. 손댈 것이 없다. 실수를 하지만 밉지도 않다. 그러나 자신의 문제만큼은 해결하지 못하고 끙끙거린다. 이 부분을 TI가 특별히 신경 써야만 한다.

TI상사에게 AR은 매우 불편한 부하직원이다. 언제나 옳은 소리만 한다. 그의 이야기는 반박할 수 없다. 자신에게나 다른 직원에게나 늘 똑같다. 심지어 거래처에도 동일하게 '딱딱(?)거린다.' 하지만 그의 소리가 언제나 원칙에 어긋나지 않기 때문에 뭐라고 말을 할 수가 없다. 가만 보면 AR은 자신에게도 동일한 엄격한 잣대를 늘 들이대고 있다. 그래서 AR이 조직에 오면 조직 전체가 긴장한다. 잔소리가 듣기 싫기 때문이다. TI조차도 AR 앞에서 괜히 주눅이 든다. 그/녀 때문에 조직이 긴장하고 원칙대로 진행되는 것은 좋지만 그/녀 때문에 조직이 늘 경직되는 것은 조직소통에서는 좋지 못하다. 그래서 TI상사는 AR의 태도를 조정해 주려는 노력을 해야 한다. AR의 말이 틀린 것이 없기에 그의 태도만 온화하고 부드럽게 조정될 수 있다면 조직과 소통에 더 큰 도움이 될 수 있기 때문이다. 그러나 문제는 TI가 '그 부분의 능력이 얼마나 될 수 있을까?' 하는 것이다.

이처럼 TI는 스스로는 매우 일 잘하는 상사이지만 부하직원을 다루는 문제에 대해서는 조금 서투른 사람이다. 그리고 지나치게 철저한 준비를 하려다 보니 적절한 때를 놓치는 경우가 많다. TI가 리더인 부서일수록 TI의 이러한 부족한 면을 보완해 줄 사람을 적절히 이용하는 것이 좋은 방법이라고 하겠다. 스스로 잘 하지 못하는 부분을 억지로 하기보다는, 이런 부분에서 탁월한 능력을 가진 부하직원에게 위임하여 이 일을 처리하는 것이 더욱 효율적이라고 하겠다. 굳이 한 사람의 부리더를 지정해 달라고 하면 AP를 추천하고 싶다.

대표적인 TI 캐릭터를 찾아보자.

### 1) MBC 드라마 '운빨로맨스' - 제수호 역

31세 호랑이띠로 IT업계 최고의 게임회사 '제제팩토리'의 CEO 겸 PD(Project Director)이다. 큰 키에 마른 몸으로 공대남자 교복인 체크 셔츠와 후드 티를 걸쳐도 분위기가 폴폴 나고 검정 뿔테를 얹으면 007의 Q '벤 위쇼'보다 100배는 더 귀엽다. 종종 선글라스를 쓸 때면 비가 울고 갈 정도의 분위기가 날 만큼 뜯어보면 미남, 자세히 보면 초미남이다. 굳이 분류하자면 날카로운 눈매에 앙다문 입술, 입꼬리조차 웃지 않는 냉미남이다. 천재적인 두뇌와 냉철한 성격, 빠른 판단을 하지만 후회는 없다. 0 아니면 1, 도 아니면 모뿐인 그에겐 0%와 100% 두 가지의 옵션뿐이다. 머리 좋고 일 잘하고 얼굴도 잘생겼는데, 성격만 너무 못한다. 무슨 일이든 '합리'와 '이성'으로 해법을 찾을 수 있다고 믿고, 무턱대고 울고 짜는 인간들의 시간낭비가 무척 한심하다. 잡지 못한 버그는 한번도 없었다.

### 제수호의 이야기 속에 드러나는 TI

#1

(새롭게 출시하기로 한 '지니어스'라는 게임이 불법 복제되어 출시되기도 전에 외국에서 출시된 상황. 모두 예상치 못한 상황에 당황하고 있는데...)

회의실로 모이는 상황

조윤발 : (회의실로 들어오면서) 세상에 마상에 어떻게 하냐...
(자리에 앉으며) 제가 생각하는 게 맞아요, 지금?
아 이걸 뭐 어, 어떻게 해야 해?

(불법 복제되어 러시아 버전으로 출시된 게임을 보는 제수호)

송대권 : 러시아에서 어제 자정에 출시됐답니다.

이현빈 : 벌써 500만 다운로드됐습니다.

이달님 : 지니어스도 한 달 뒤에 정식 출시인데... 어떻게 해요?

제수호(류준열) : 두 사람 소재파악 됐습니까?

송대권 : 네. 그날 바로 출국했습니다.
미리부터 아주 준비를 단단히 했던 모양입니다.

가승현 : 하... 이거 완전 산업 스파이 아니야?

그 자식들 고소해요! 인터폴에 수배 때리고!

조윤발 : 정답!

(제수호 볼펜을 쥐고 생각한다.)

한량하 : (노크 후 문을 열고) 박변 오셨어.

(변호사와 제수호, 한량하가 있는 장면으로 전환)

한량하 : 당장 나가봤자 소용없다는 말이죠?

박변 : 최근 들어 규제를 한다고 하는데

자국의 이익에 반하는 일에는 관심이 없습니다.

아직까지도 정품 소프트웨어 최다 복제국가 중 하나니까요.

(제수호, 안경 벗으며 한숨을 쉰다.)

이달님 : (노크 후 문을 열며) 대표님. 지금 신문사에서 계속 전화 오는데..

이거 어떻게 된 거냐고...

(제수호 대표실 문을 열고 나가서 직원들 상황을 살펴본다.)

송대권 : 아니 글쎄 정식 출시 아니라니까요! 제가 몇 번을 말씀드립니까!

이현빈 : 확인되는 대로 바로...!

(전화가 끊이지 않고 직원들은 대처하느라 정신이 없는 상황)

제수호 : 지니어스2 출시는 (직원들 제수호에게 집중) 포기합니다.

송대권 : 네!?

이달님 : 대표님!

제수호 : 고소해 봤자 국제 분쟁에 시간만 끌다가 가처분이나 받을 수 있을지도

불투명하고 무엇보다 짝퉁을 시장에 내놓을 순 없습니다.

이달님 : 우리께 오리지널이잖아요!

제수호 : 아니오! 오리지널리티는 최초일 때만 가질 수 있는 겁니다.

이 바닥 뻔한데 보안 구멍 난 우리 잘못이죠.

그러니까 책임은 우리가 지는 게 맞습니다.

송대권 : 사표는 절대로 안 됩니다! 저 애가 셋이에요!

가승현 : 셋째 임신했어요?

송대권 : 예 어쩌다 보니...

류지훈 : 언제까지 낼까요?

제수호 : 빠르면 빠를수록 좋죠. 사표.

말고 새 게임!

송대권 : 네!?

제수호 : 자. TF Team 구성합시다. 달님 씨, 대권 씨 팀장으로 구성해서

팀별 알파버전 하나씩 올리세요.

한 달 뒤 지니어스 출시하기로 한 날 새 게임 시연회 엽니다.

완전히 새로운, 지니어스2보다 훨씬 훌륭한.

시간은 이틀 드리겠습니다.

#2

(제수호가 카지노에서 승리하는 모습을 보고 한 사람이 다급하게 다가와서 제수호를 붙잡는다.)

행인 : (카지노에서) 선생님 손 한 번만 잡아주세요.

제수호 : 선생이라뇨.

여기서는 돈 따는 사람이 선생입니다.

행인 : 행운의 사나이가 손을 한 번만 잡아주시면!

제수호 : 행운 아닙니다.

세상에 행운 같은 건 없어요.

게임은 (머리를 톡톡 치면서) 여기로 하는 겁니다.

#3

(새로운 게임을 시연하는 장소에서 게임 체크하다가 문제가 일어난 상황)

이달님 : (제수호 뒤따라 들어오다가 놀라며) 헉! 버그난 거예요? 아까 아무 문제 없었잖아요!

직원1 : 라스트 체크하고 있는데 갑자기!

직원2 : 30분이면 해요.

제수호 : 됐습니다.

직원2 : (모두 놀라며) 벌써 잡으신 거예요!?

제수호 : (나가다 멈추면서) 여기 소풍 오셨습니까?

이달님 : 대표님 두 분 삼일 꼬박 밤새셨어요.

제수호 : 에이... 자랑이 아니죠.

3일 밤샘씩이나 하고서 버그가 났습니다.

이런 건 자격 없다, 무능한 프로그래머다 인정하는 걸로밖에 안 보이는데요?

직원1 : 저기요.

이달님 : (다급하게) 대표님.

제수호 : 여기.. 제제입니다.

우리 열심히 말고 제발... 제.대.로 합시다.

이달님 : 예. 알겠습니다! 똑바로 하겠습니다! (직원 1,2에게 미안하다는 눈치를 보낸다.)

직원1 : (제수호 나간 뒤 신경질적으로) 아 뭐!? 무능한 프로그래머?

직원2 : 와 근데 어떻게 이렇게 짧은 시간에 잡아내요?

직원1 : 야! 아이큐 200이라잖아!

그래 잘나신 천재께서 혼자 프로그램 짜고 운영하고 다 해 먹으라 그래!

### 2) tvN 드라마 '미생' - 장그래 역

"죽을 만큼 열심히 하면, 나도 가능한 겁니까?" 한때는 바둑 영재였지만 지금은 고졸 낙하산에 불과하다. 다양한 스펙에 외국어 네댓 개쯤은 필수인 사람들만 모인 종합상사에 뚝 떨어진, 이력서가 비어 있는 미운 오리 새끼다. 7살에 바둑을 만나 10살에 한국기원 연구생 입문 후 연구생 자격이 끝나는 18살까지 오로지 프로 입단을 위해 십대를 고스란히 바둑에 바쳤다. 하지만 최종 입단 실패와 함께 맨땅에 벌거숭이로 내던져졌다. 고졸 검정고시 출신 군대 미필자에게 제대로 된 직장은 불가능했다. 닥치는 대로 아르바이트를 전전하다가 22살에 바둑 후견인인 사장의 도움으로 그의 회사에 취직했지만 '바둑을 두었던 아이'에 대한 호기심이 불신으로 이어지며 1년 만에 회사를 그만두고 결국 군대로 도피했다.

#### 장그래의 이야기 속에 드러나는 TI

#1

복사기 앞에서도 쩔쩔 매는 모습. 현실감각이 떨어진다.

(혼자 야근하면서)

증명해 보이고 싶었다. 명확한 분류기준과 효율적인 활용가능성

이 모두를 만족시킬 수 있는 방법! 그리고 무엇보다 나 자신을...

김 대리 : 와 이야~ 야~~ 와! 이거 대단한데요.

밤새 이렇게 삽질한 거예요?

뭐가 문젠지 알려주시지 그러셨어요?

김 대리 : 과장님이 주신 폴더를 왜 무시한 거야?

장그래 : 무시한 게 아니라 그대로 넣자니 애매한 파일들이 많았어요.

김 대리 : 회사매뉴얼이야. 무슨 뜻인 줄 알아?

모두가 이해했고 약속했다는 뜻이야.

(중략) 회사 일 혼자 하는 거 아니야.

장그래 독백 : 혼자 하는 일이 아니다.

(바둑폴더를 정리하던 어린 날을 회상하며) 나만 보면 되는 세계였다.

여기선... 혼자 하는 일이 아니다.

#2

(한석률과의 대화)

장그래 : 번복한 게 아닙니다. 결정을 미뤘을 뿐이죠.

한석률 씨가 가진 경험과 능력이 우리 PT 준비에 도움이 될 것 같아서요.

(머리로 생각함)

#3

김 대리 : (장그래를 보며 하는 말) 천재 아닙니까? 용어사전 사흘 만에 다 외운 것도 그렇고...

3) tvN 드라마 '내성적인 보스' - 은환기 역

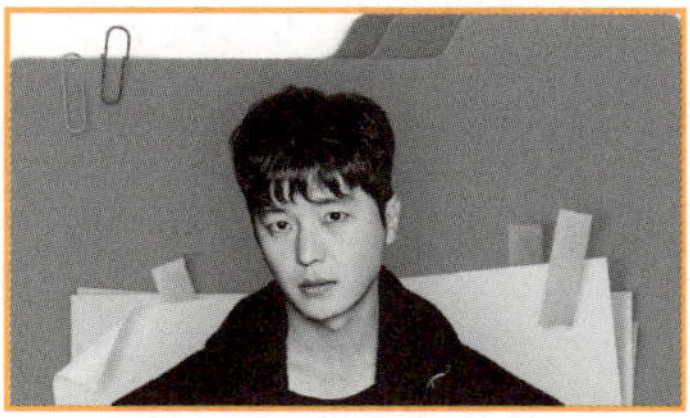

문 닫는 게 익숙한 극도로 내성적인 남자! 홍보 회사 사일런트 몬스터의 보스! "무시하는 게 아니라 사람이 조금 무서울 뿐입니다!" 홍보업계 1위 회사의 대표 자리에 있지만 그에 대해 알려진 바가 거의 없다. 심지어 함께 일하는 직원들조차 그를 잘 몰랐다. 아침에 출근해서 퇴근하는 순간까지 종일 구석진 CEO 집무실에 틀어박혀 두문불출. 회의나 회식자리에도 나타나지 않는다. 베일에 싸인 채 주변인들이 목격한 행적만 전설처럼 떠돌 뿐. 까마귀 무리에서 홀로 떨어진 고고한 한 마리 학이라는 둥, 얼음 같은 포커페이스로 자기 패는 감춘 채 상대를 낱낱이 꿰뚫는다는 둥, 마치 유령처럼 인기척 없이 나타났다가 어느 순간 흔적도 없이 사라져버린다는 둥, 거의 무슨 신화 수준으로 미화되기도 했지만 거만한 나르시시스트, 의문스러운 변태, 자기 세계에 빠진 왕따라는 비방도 '오프 더 레코드'로 쏟아져 나왔다. 사실을 말하자면, 환기는 그저 극도로 내성적인 사람일 뿐인데…

## TL상사와 조직 간의 소통 : 언제나 그 자리에 계신 우리 부장님

TL은 매우 안정적인 사람이다. 늘 정답처럼 산다. 그에게 일탈이란 있을 수 없는 일이다. 안정적인 상태를 무너뜨리는 것이 그에게는 무척이나 스트레스 상황이 된다. 그래서 늘 똑같은 일과, 예측할 수 있는 상황들이 무척이나 좋다. 조직을 운영하고 지켜가는 데에는 이보다 더 좋은 사람은 없다. 그러나 이들이 부서장으로 있으면 조직의 변화가 무척이나 더디다. 또한 아이디어를 내고 창의적인 활동을 하는 것에 무척이나 부정적이다. 그의 눈에는 위험요소가 너무 잘 보이기 때문이다. 창의적인 일은 다른 부서에서 하고 자신의 부서는 기존의 업무를 유지하는 것에 만족하려 한다. 그래서 조직의 발전이 늦어질 뿐만 아니라 역동적인 성향을 가진 부하직원들에게는 '걸림돌 부장'이 된다. 좋은 점은 변화를 싫어하고 늘 안정을 추구하기 때문에 언제나 그 자리에 가면 만날 수 있는 사람이라는 것이다. 그래서 부하직원들이 그로 말미암아 안정을 추구할 수 있다. 업무에 있어서도 무난하게 일을 잘 처리하고 절대로 튀지 않는다. 만일 새로운 일을 시작하게 되면 그/녀에게는 환란의 시대가 시작된 것이다. 매일매일이 힘들고 고통스럽다. 언제 이 일이 안정화될지 모르는 상황이라면 일을 그만둘 생각을 매일하게 된다.

TL상사와 TI부하직원이 만나면 TL상사가 매우 좋아한다. TI는 언제나 예측 가능하기 때문이다. 안정적인 그/녀의 업무태도는 TL에게 만족을 주고 모든 직원이 TI와 같았으면 좋겠다는 생각을 한다. 다른 직원들은 TI가 조직에 어울리지 못하고 업무속도가 너무 느린 것에 대해 불만을 할 수도 있겠지만 TL은 TI의 변하지 않는 태도가 너무 마음에 든다. 시간이 좀 걸리기는 하지만 결국 기다리면 TI는 좋은 열매를 맺기 때문에 스스로 '역시 이것이 옳다'라는 확신을 그/녀를 통해서 가지게 된다. 하지만 급한 업무일 때는 TL도 답답하기는 마찬가지이다. 그래서 TI에게 업무를 부여할 때에는 다른 직원들보다 좀 더 여유로운 시간을 부여할 필요가 있다. 그리고 엉뚱한 부분을 완성해 올 가능성도 있기 때문에 분명한 과제의 전달도 필요하다. 그렇다면 TL상사나 TI부하직원 모두 만족을 경험하게 된다. 다만 다른 직원들에게 TI의 특성을 이해시키고 그와 함께 업무를 진행할 때 참고하도록 하면 된다. TI가 자신 외에는 관심을 가지지 못할 수도 있으니 TL상사가 그와 다른 조직원들의 소통의 통로를 자주 만들어줄 필요는 있다.

TL상사와 TL부하직원은 말할 수 없이 죽이 맞는다. 늘 안정적인 업무에 만족해 하며 변화보다는 유지를 선택하는 것도 똑같다. 성품도 부드러워 조직 안에서 별 무리 없이 무난하게 지낸다. 그러나 이들의 '안정'이 위협될 때 스트레스 지수가 극도로 올라간다. 다가오는 업무 마감시한이나, 기관의 평가기간에 필요 이상으로 스트레스를 받는다. 모든 것을 다 바쳐서 업무를 처리하지만 그럼에도 불구하고 불안하기 때문에, 마음이나 몸에 어떤 이상이 올 수도 있다. 그만큼 안정에 대한 욕구와 이와 관련된 불안이 크다. 이러한 부하직원의 긴장을 완화시켜 주어야 하는데 TL상사도 같이 긴장하고 있어 타인을 위로한다는 것은 불가능한 일일 수 있다. 그러므로 이들은 두 사람 모두 안정시켜 줄 수 있는 멘토가 있어야 한다. 적어도 TL부하직원에게는 적절한 멘토를 소개할 필요가 있다. 그는 상사보다 더 큰 스트레스를 받고 있을 것이기 때문이다. 이러한 것들 외에 TL은 조직 가운데 아무런 문제없이 잘 지낼 수 있다.

TL상사는 TE부하직원을 이해하기가 매우 힘들다. TE는 조직의 분위기를 매우 즐겁게 하고 활력을 불어넣지만 업무에 있어서는 너무 가벼운 느낌을 준다. 그래서 TL의 마음에는 왠지 불안하다. 조금 더 진중하게 업무를 처리해 주었으면 하는 바람이 있지만 그렇다고 TE가 업무에 대한 실수를 하는 것은 아니다. 일은 또 잘하기 때문이다. 문제는 TE가 조직에 대한 흥미를 자주 잃고 그래서 뭔가 새로운 것을 추구하려 하기 때문에, 보고 있는 TL상사를 은근히 불안하게 한다. 실제로도 TE가 업무에 관심을 잃어버리면 무기력해지고 뭔가 이전에는 볼 수 없었던 불안한 모습과 실수를 연발하기도 한다. TL상사는 이를 위해 늘 새로운 프로젝트나 지적 관심을 가질 수 있는 분야를 제공해 주면, 보다 더 효율적으로 TE를 활용할 수 있다. 문제는 TL 자신이 이런 부분을 크게 달가워하지 않기 때문에 이 부분을 제공해 줄 수 있을까 하는 의문이 든다. 이 부분만 극복하고 이렇게 TE를 향한 관심을 보인다면, 소통의 부분은 문제가 발생하지 않을 것이다. 두 사람 다 이해를 기초로 하는 사람들이기 때문에 충분한 정보와 자료의 제공이 '이해'되도록 상호 간에 공급되면 문제는 없다.

TL과 FI의 만남은 이루어지지 말아야 할 만남이다. 특히 TL상사의 입장에서는 더욱 그러하다. TL상사는 늘 조직이 안정될 수 있기를 바라며 이를 위해서 노력한다. 그런데 항상 FI가 눈에 걸린다. 눈뿐만 아니라 모든 업무의 영역에서도 '불안 메이커'이다. FI의 사전에 '안정'이란 단어는 없기 때문이다. 대신 그에게는 '혁신, 변화, 놀라운 아이디어,

뭔가 새로운 것들 등등'이 가득하다. 이런 것들이 조직의 가치를 완전히 바꾸는 놀라운 변화를 일으키기도 하지만 TL에게는 전혀 달갑지 않다. 변화가 작아도 되고, 가치의 상승이 아주 미약해도 좋으니 제발 도전과 같은 단어들이 나타나서 조직의 안정에 불안요소, 즉 '급격한 변화'의 요소가 나타나지 않았으면 하는 것이다. 그러나 TL이 이런 FI를 잠재울 수는 없다. 왜냐하면 FI는 TL의 눈치를 보지 않기 때문이다. 아니 그 누구의 눈치도 보지 않는다는 말이 더 맞을 것이다. 늘 새롭게, 늘 혁신적으로, 늘 놀라운 변화를 추구한다. 한번씩 터뜨리는 '대박 아이템' 때문에 조직에서도 어느 정도 인정받는다. 문제는 TL이 너무 힘들다는 것이다. 그러면 TL은 어떻게 해야 할까? FI의 능력도 살려주면서 조직의 안정을 해치지 않는 방법(사실 TL에게는 안정에 더 큰 무게가 실린다.)은 무엇일까? FI에게 권한과 한계의 설정을 분명히 하는 것이다. 그렇다면 TL의 눈에는 차지 않지만 FI가 어느 정도의 선을 지킬 수 있게 되는 것이다. 또한 소통이라는 측면에서 FI가 요구하는 혁신에 대한 이해와 인정을 해주는 것이 좋다. 일을 하고 안 하고를 떠나서 FI에게는 무척이나 중요한 사항이기 때문이다.

TL상사에게 FA부하직원은 믿음직한 사람이다. 언제나 일을 깔끔하게 처리하고 상사에게 인정받으려고 노력하는 부분이 역력히 보이기 때문이다. 화려하지도 독특하지도 않지만, 일에 있어서 차분하고 정확하다. 안정적인 조직운영을 추구하는 TL에게는 매우 마음에 드는 직원이다. 그러나 FA가 지나치게 TL에게 집중하고 TL의 요구에 맞추려고 하는 경향을 가져서, 동료들에게 곱지 않은 시선을 받을 수도 있다. 그리고 FA의 이런 욕구가 지나쳐서 때로는 조직의 질서나 분위기를 와해하는 '비열한 짓'을 할 수도 있다. 업무적으로는 성공할 수 있지만, 이런 문제가 발생하면 조직의 소통과 장기적인 발전에는 악영향을 미칠 수 있으므로 TL은 이 부분을 특별히 신경 써야 한다. FA에게 지속적인 격려를 하는 것도 중요하고 아울러 동료들 간의 조화를 당부하는 것도 잊어서는 안 된다. 소통은 별 문제가 없을 것 같다. TL의 이야기를 FA가 집중해서 듣는 편이기 때문이다. 다만 TL이 FA의 마음을 잘 알아듣지 못하는 경우가 발생할 수도 있다. 왜냐하면 FA의 마음의 소리를, TL은 머리의 귀로만 들으려고 할 수도 있기 때문이다. 이 부분만 주의하자.

TL상사에게 FH는 '참한'(?) 직원이다. 조직의 안정을 추구하려는 TL의 의도에 전혀 배치되지 않는 직원이기 때문이다. 오히려 FH는 조직의 안정에 적극적인 역할을 하는 편이다. 비록 외적으로 드러나지 않을지는 모르지만, 조직을 위해서 헌신하는 그/녀가 있기 때문에 모든 조직원들이 편하다. 잔 업무와 조직원들의 어려움에 가만있지 못하고 항상 팔을 걷어붙이고 함께 나서기 때문이다. 심지어 자신이 힘든 상황에서도 FH는 TL에게 어떤 도움을 줄 수 있을지를 걱정한다. 다만 감정적으로 여린 부분이 있어서 상사인 TL에게 직접 묻지는 못한다. 하지만 FH에게 문제가 발생하는 때는, 그의 노고를 아무도 칭찬하지 않을 때이다. 왜냐하면 사람이란 늘 익숙해지는 습성이 있어서 자신들을 헌신적으로 돕는 FH의 수고가 당연한 것처럼 여기며 행동하기 때문이다.

이럴 때 FH는 깊은 스트레스에 빠지고 슬럼프를 맞을 수 있다. TL은 이런 FH를 잘 이해하고 늘 격려하고 관심을 준다면, 조직을 위해서 소리소문 없이 헌신하는 그/녀를 늘 만나게 될 것이다. 누구나 그렇듯 FH에게도 단점이 있다. 지나치게 관계 중심적인 직장생활을 하다 보니, 정작 자신이 업무를 소홀히 하는 경우가 생긴다. 소홀히 하려고 그렇게 되는 것이 아니라, 지나치게 조직원들을 도우려고 하다 보니 자신의 업무를 제대로 하지 못한 것이다. TL은 FH의 이 부분도 유심히 살펴볼 필요가 있다. 격려하면서 FH가 자신의 업무를 우선적으로 처리하게 한다면 FH는 조직에서 아무런 문제없이, 오히려 조직의 성장을 위한 그림자의 역할을 잘 감당하게 된다. 격려의 차원에서 혹시 자신을 알아주지 않아 속상한 부분이 없는지만 잘 확인하면 된다.

TL상사에게 가장 기분 나쁜 부하직원 중 하나는 바로 AC이다. AC는 늘 꼼꼼한 TL이 불만이다. 상사답지 못하다고 생각한다. 화끈하게 달려가면 될 일을 '돌다리도 두드려보는' 상사가 쪼잔하게 보인다. 그래서 답답할 때는 자신이 상사인 TL보다 더 큰 소리를 낼 때가 많다. TL의 입장에서 보면 그의 진취성이 부럽기도 하다. 자신은 부하직원들에게 큰 소리를 내는 것이 무척이나 어렵다. 주로 차근히 설명하여 이해시키려 하는데 그럼에도 불구하고 내 뜻대로 움직여주지 못하는 직원들이 많다. 그래서 때로는 소리를 지르는 'AC'처럼 해버리고 싶지만 잘 안 된다. 또 어떨 때는 AC의 도가 지나치다고 생각할 때도 있다. 조직을 위해, 업무를 위해 앞서 나서는 것이지만 마치 TL이 없는 것처럼, 자신이 상사인 양 행동한다. 그런 AC로 인해서 조직 분위기가 말이 아닐 때가 많다. 무턱대고 소리부터 지르는 그여서, 조직 안에서 그를 싫어하는 사람들이 많다. 이런 부분을 알면서도 AC는 조절이 안 될 때가 많다. 어차피 AC는 앞에 나서서 일을 처리해야 하는 스타일이다. 그러므로 그를 눌러버리면, 조직의 갈등이 커지고 조직 분위기가 와해될 가능성이 크다. TL은 이런 일을 미연에 방지하기 위해 AC의 업무적 능력을 향상시키는 데 힘써야 한다. 리더십을 갖춘 그가, 업무적 능력까지 갖추면 조직을 위해서는 천군만마(千軍萬馬)가 되는 것이다. 소통의 측면에서 AC는 속에 담아두지 않기 때문에 이를 잘 처리하는 능력을 TL이 기르면 된다. 그리고 조직 안에서 AC의 특징을 잘 이해시키고 AC에게도 보다 유연한 표현법을 가르칠 필요가 있다.

TL에게 AP는 참 좋은 참모이다. AP는 TL이 추구하는 안정을 좋아한다. 그리고 TL이 잘 하지 못하는 부분을 감당해 주려고 노력한다. 위를 잘 보필하고 아래는 잘 아우르는 좋은 참모이다. 그래서 TL은 자연스럽게 AP를 믿고 업무의 많은 부분을 위임한다. 이렇게 하다 보니 AP의 업무에 과부하가 걸릴 때가 많다. TL의 지시사항, 조직 내의 조화, AP 개인의 업무 등등. 그가 사서(?) 하는 일들이 많기 때문이다. 그의 위치와 성향이 또 이런 일들을 감당하게 한다. AP가 스트레스를 받으면 차곡차곡 쌓아두는 편이다. 그래서 마음으로나 몸으로 어느 시점에 가면 고장이 크게 난다. 그의 한계가 다가오면 여러 가지 사인(sign)이 나타난다. 웃음이 사라지고 한숨을 자주 쉬며 작은 일에도 얼굴이 붉어지고 스트레스를 충만하게(?) 받는다. 때문에 스트레스를 풀려고 폭음이나 폭연을 일삼는다. 그러나 자신의 이야기를 누구에게도 하지 못한다. 풍선에 바람이 한계치를 넘어서 계속 들어간 것이다. TL은 이런 그/녀를 위해 바람 빼주는 작업을 늘 해야 한다. 스트레스를 풀어주어야 한다는 것이다. AP의 스트레스는 움직여야 풀린다. 같이 활동하고 땀을 흘리면서 이야기하고 나면, AP는 다시 행복해진다. 정말 아끼고 또 나를 위해 헌신적인 AP라면 TL은 이런 수고를 마다하지 말아야 한다. 왜냐하면 AP가 행복하면 조직은 자동적으로 행복해지기 때문이다.

TL상사에게 AR은 대하기 껄끄러운 직원이다. 늘 '바른 소리 대장'이기 때문이다. 늘 바른 생활을 추구하는 TL이 지적당하는 일은 거의 없지만(그래도 실수하면 어김없이 '지적질'이 돌아온다.), AR의 눈에 모든 직원들이 '실수투성이, 미숙한 인간, 업무에서의 구멍'일 뿐이다. 그래서 사명감을 가지고 지적질을 한다. 모두가 그래서 AR이 나타나면 긴장한다. 위아래 없이 지적하고 다니기 때문이다. 이러한 지적질은 사실 그/녀 자신의 삶을 지적하고 난 이후의 잉여이다. 그래서 AR은 웃는 경우가 적다. 늘 화나 있는 것처럼 보일 때가 많다. 사실 화가 나 있다. 자신에게도, 동료들에게도, 상사에게도, 조직 자체에도 화가 나 있다. 이를 바로잡고자 늘 떠들어 댄다. 조직의 소금은 될 수 있지만 조직소통에서는 그저 '짠물'일 뿐이다. 만나면 미간만 찌푸려진다. 조직소통을 저해하는 가장 큰 원인 중 하나가 될 수 있다. 그러므로 TL은 조직을 위해서 AR의 불만을 들어야 한다. 그리고 그중에 타당한 부분(사실 많은 부분이 타당하다.)을 AR의 방식(비난과 경고 등)이 아니라 TL의 방식(안정과 평안함 등)으로 전해야 한다. 그래야 조직의 분위기와 소통이 살아난다. 그리고 AR 자신에게도 위로와 수용을 전달해 주어야 한다. 현재 제일 힘든 사람은 AR이기 때문이다.

TL은 이처럼 안정을 추구하는, 언제나 동일한 모습을 가진, 참 좋은 직장상사이다. 그러나 그의 안정을 향한 추구가, 혁신적인 발전이나 가치의 놀라운 변화와는 짝이 잘 되지 않는다. 그가 그렇게 하고 싶지 않기 때문이다. 이 부분을 인식하고 스스로 본인이 허락하는 어느 정도의 한계를 설정하고 그 한계 안에서 자유로움을 느끼며 살아보는 것도 좋은 방법이지 싶다. 한 번의 일탈(?)이 효과를 발휘하면 훨씬 더 폭넓은, 그리고 행복한 직장상사가 될 수 있고 조직소통의 귀한 틀이 될 수 있다. 그의 안정성이, 모든 사람들이 그를 통한 소통을 시도하고 싶도록 하기 때문이다.

TL의 예는 다음과 같다.

### 1) KBS 드라마 '마녀의 법정' - 백상호 역

칼같이 알아듣고 정확히 처리하는 최고의 비서. 형사 시절, 수사 도중 우발적 실수로 유력 용의자를 죽인 걸 당시 반장이었던 조갑수가 덮어준 이후로 20년째 그의 오른팔이 되어 보필 중이다. '혹시나'에 대비하여 그동안 자신의 보스(조갑수)가

지시했던 모든 것들을 적어놓는다. 늘 근심걱정이 많은 표정이고, 언제나 저자세이다. 융통성은 더 없다.

### 백상호의 이야기 속에 나타난 TL

#1

(시장선거 출마한 조갑수가 자신의 지지율이 오르는 것을 보고 백상호와 함께 둘이 자주 가던 곳으로 가자고 함)

조갑수 : 내 요 와가 두 번 울고 갔다. 한 번은 언젠 줄 아나?

백상호(허성태 ) : 사시 패스하고도 아버님 용공이력 때문에
검사 임용에 떨어졌을 때 아닙니까?

조갑수 : 맞다.
아이고 초겨울에 비는 오지, 시험은 떨어졌지, 앞날은 캄캄하지.
눈물이 저절로 나는기다.
그때 알았다. 내 눈물이 그리 짠지.
또 한 번은 언젠 줄 아나?
청운각 일로 내 대신 상우 니가 징역 살러 갔을 때.
그때 내 혼자 와서 펑펑 울고 갔다 아이가.
(상호를 돌아보며)

조갑수 : 상호야. 니 없음 여까지 오지도 못했다.

백상호 : 왜 그런 말도 안 되는 말씀을...

조갑수 : (백상호 어깨에 손을 올리며) 내 푸른 집에 갈 때까지 상호 니 내 옆에 있을끼제.

백상호 : 마음 다해 모시겠습니다.

### 2) JTBC 드라마 '욱씨남정기' - 조동규 역

러블리 코스메틱 사장. 화장품 용기를 전문적으로 제작하는 플라스틱 금형회사로 출발해, 화장품 생산으로 눈을 돌려 안정적인 중견기업으로 키워낸 뚝심 좋은 사업가. 그러나 알고 보면 사업체가 커질수록 어느 순간 무너질지도 모른다는 불안감에 조바심 내며 아래 직원들을 push하는 유리 멘탈의 소유자. 즉흥적으로 저질러 놓고는 뒷수습이 될 때까지 가슴 졸인다. 틈만 나면 남정기에게 소심하다고 닦달해 대는 이유는 자신의 나약한 모습을 투사하고 있기 때문이다. 극도의 스트레스로 공황증세가 올 때마다 양갱 흡입으로 안정을 취한다.

### 3) KBS 드라마 '직장의 신' - 장규직 역

학연, 지연, 혈연 타도? 실력주의 사회는 기댈 곳 없는 자들의 자기위안이고, 나는 평생, 알뜰히, 딸랑딸랑 회사에 묻어가고 기대 갈 거야! 그러니까 내 나와바리 건들지 마. 회사의, 회사에 의한, 회사를 위한 남자 장.규.직.

### 4) KBS 드라마 '김과장' - 추남호 역

명문대 나와서, 한때는 나름 잘나가는 사원이자 재원이었지만 이제는 자

리 사수가 인생의 가장 큰 목표가 되어버린 경리부장이다. 그저 위에서 시키는 대로 고분고분 일하는 게 회사에도 좋고 나에게도 좋다고 생각하는 '복지부동' '복세편살(복잡한 세상 편하게 살자)' 의 대표적 인물.

### 추남호 이야기 속에 나타난 TL

#1

추남호 : 갑자기 왜 그러냐? 안 물어보던 걸 갑자기 물어보고.

윤하경 : 이젠 정말 알아야겠어요. 회사가 어디서부터 어떻게 잘못된 건지.

추남호 : 이 과장 때문에 그런 거라면 접어둬.

윤하경 : 아 어떻게 그래요? 부장님은 이미 다 접으셨어요?

추남호 : 설사 그래 뭔가 잘못된 걸 알았다고 치자. 우리가 뭘 할 수 있겠니?

윤하경 : 할 수 있는 게 생기겠죠. 일단 알기만 하면요.

추남호 : 객기로 그러지 말고 냉정히. 진짜 현실적으로 생각해 보라구.
그리고 회사 저 위에서 일어나는 일은 우리랑 딴 세상 이야기야.
말단 중에 말단인 우리 경리부서는 따까리라구.

윤하경 : 아무리 따까리라도 잘못된 게 눈에 보이면 한 번은 외쳐봐야죠.

추남호 : 하... 하경아 (소주를 따르며) 너 그거 아니?
우리가 꽥꽥거리는 소리는 절대 메아리가 치지 않는단다.
그 소리가 아무리 커도.
후우... 우리는 그냥 오리 새끼들이야.
사료 주면 알 낳아주고 아무 일도 없다는 듯이 물 위에 떠다니면 돼.
그게 우리 인생이야.
(소주를 한 잔 들이켜며 괴롭다는 듯이) 후우...

### TE상사와 조직 간의 소통 : 매우 재미있는 상사, 그러나 조금은 가벼운 그/녀

TE상사는 항상 재미있는 일로 조직을 행복하게 만든다. 업무에서도 빠지지 않는 실력을 나타낸다. 그러나 TE상사의 단점이 있다. 조금 가벼워 보인다는 것이다. 그래서 조직원들을 향한 리더십이 문제를 나타낼 때도 있다. TI부하직원과 별다른 문제는 없다. 오히려 TE의 눈에 TI가 지나치게 열심인 것이 문제이다. 적당하게 하면 좋을 것 같은데, TI에게 적당하게는 없다. 늘 지나칠 정도로 주어진 일에 대해서 열심히 하기 때문에 그가 재미없는 사람으로 여겨질 때가 많다. 그래서 TE가 TI를 조금 꺼려할 수도 있다. 그래서 상호소통에 문제가 있을 수도 있다. TI가 보기에 TE가 조금 가벼운 상사로 보일 수 있기 때문에, 자신의 마음을 잘 이야기하지 않을 수 있다. 안 그래도 자기표현에 서투른 TI인데, TE에게는 이런 이유로 인해 더 이야기하고 싶지 않는 것이다. TE가 보기에 TI는 너무 재미없는 사람이기에 그와 함께하면 답답하고 어색해서 이야기가 쉽게 나오지 않는다. 하지만 특정 분야에 대한 관심사가 같을 때는 분위기가 확 달라진다. 서로 끝도 없이 이야기를 하기 시작하고, 서로의 지식에 감탄하기 시작한다. 그러면 그야말로 '베스트 커플'이 된다. 이 부분을 소통하는 것이 중요하고, 업무적으로도 이 부분을 함께하는 것이 더 좋다.

TE상사와 TL은 코드가 잘 맞지 않는다. 왜냐하면 TL이 TE상사를 좋아하지 않기 때문이다. TE가 나와 상관없을 때에는 밝고 활기찬 사람이지만, 나와 관계하면 왠지 불안하고 믿을 수 없는 사람이 되기 때문이다. 특별히 믿고 의지할 상사가 그런 모습을 보인다면 TL은 조직생활 자체에 대한 불안감으로 연결된다. TE 입장에서 보면 TL은 참으로 아무 문제없는 성실한 직원이다. 약간은 재미가 없는. 그래도 좋다. 업무나 관계에서 전혀 문제를 일으키지 않고 맡은 일들을 잘 해내기 때문이다. 하지만 함께하고 싶지는 않다. 조금 재미가 없기 때문이고 뭘 하려고 하면 '안정성'만 추구하기 때문이다. 그래서 TE와 TL은 외적으로는 아무런 문제가 없지만 서로 함께하는 것은 피하려 한다. 그러나 조직 안에서 피할 수 없는 관계이므로 TE가 TL을 상대할 때에는 조금은 진중한 가면을 쓸 필요가 있다. 그래야 TL이 하는 안정적인 업무처리를 본의 아니게 방해하는 일이 발생하지 않기 때문이다.

TE상사와 TE부하직원이 함께 있으면 분위기가 참 좋아진다. 늘 재미있는 것으로 조직을 이끌기 때문이다. 서로가 서로의 센스에 반한다. 그래서 두 사람 때문에 조직 분위기가 밝다 못해 지나치게 가벼워질 수 있다. 반대로 흥미가 사라지고 나면, 너무나 소극적으로 변하는 특성 때문에 조직이 답답해질 때도 있다. 역동적으로 진행할 때와 소극적으로 멈출 때가 너무 다르기 때문이다. TE상사가 그러면 부하직원들이 어떻게 해야 할지 갈피를 잡지 못한다. 모든 것이 귀찮아진 TE상사로 인해 업무지시를 받을 곳이 사라지기 때문이다. TE부하직원이 그러면 조직 업무에서 구멍이 생긴다. 너무나 소극적으로 대처하고 업무 진척도 너무 느려지기 때문이다. 이들에게는 어떤 관심요소의 제공이 필요하다.

그것이 업무적이든지 일상생활에서든지 늘 새로운 관심거리를 제공해야 한다. 그러나 TE상사와 부하직원이 공히 같은 관심거리를 갖는 것은 추천하고 싶지 않다. 조직의 분위기가 순식간에 업다운할 수 있기 때문이다. 그리고 죽이 척척 맞는 두 사람으로 인해 조직 안에서 소외되는 부분이 틀림없이 생길 것이기 때문이다. 조직을 위해서라면 서로 같은 업무를 처리하는 것은 지양하고 싶다.

TE와 FI는 비슷해 보이지만 너무나 다르다. TE는 무엇인가 새로운 것, 흥미로운 것을 찾아간다. FI도 새로운 것에 매력을 가지지만 독창적인 것을 더 사랑한다. TE도 흥미를 잘 잃어버리지만 FI도 감정적인 변화를 자주 겪는다. 그러나 찬찬히 보면 전혀 다르다는 것을 알 수 있다. TE는 매우 밝다. 그의 주변에는 언제나 활기가 있다. 그러나 FI는 조금 어두운 기운이 그를 감싸고 있다. 그래서 독특한 분위기를 언제나 풍긴다. TE는 흥미를 잃었을 때 갑자기 조용해지지만, FI는 감정적 변화를 겪으면 아예 사라진다. TE는 이해를 추구하는 기본적인 에너지를 소유하지만, FI는 오직 감성적 격정이 우선이다. 그래서 이 두 사람은 친할 수가 없다. 서로를 경멸할 수도 있고 서로를 더 낮게 평가할 수도 있다. 이런 분위기에서 TE가 FI의 상사라면, FI는 감정적 요동이 더 많을 수도 있다. 당연히 조직의 분위기가 와해된다. TE는 먼저 FI의 독특함을 인정해야 한다. 그래야 그의 창의력과 독창성을 조직을 위해서 사용할 수 있다. 또한 FI에게 자신의 지적 능력을 보여주어야 한다. 왜냐하면 TE가 FI를 낮게 보는 정도보다 FI가 TE를 낮게 보는 정도가 더 강하기 때문이다. 그래서 TE 자신이 그렇게 나쁘지 않다는 것을 FI가 인식할 때, 서로 간의 관계가 호전될 수 있다. 그리고 마음에 들지는 않지만, 지속적으로 FI의 능력을 인정해 주는 퍼포먼스가 필요하다. 그래야 FI의 능력을 조직 가운데 사용할 수 있기 때문이다. 소통의 측면에서 기본적으로는 서로를 이해하는 데 어려움이 있다. 이것도 FI보다는 TE가 더 이성적으로 판단할 수 있기에 먼저 소통의 장으로 나아가려 해야 한다. 조직을 위해서 말이다.

TE상사는 FA부하직원이 답답해 보일 수도 있을 것이다. 자신에게 잘 보이려고 노력하는 FA가 매력 없어 보이기 때문이다. FA는 재미보다는 완벽한 업무처리능력을 보이려 한다. 그러나 TE는 완벽한 업무능력보다는 무엇인가 흥미로운 관계를 원한다. 이런 TE의 마음을 알지만 FA는 잘 반응하지 못한다. 그런 부분은 익숙하지 않기 때문이다. 그래도 일을 잘하는 FA에게 TE는 불만은 없다. 다만 매력을 느끼지 못할 뿐이다. 그러나 FA 입장에서는 조금 스트레스이다. 자신이 온 힘을 다해 업무를 처리해 놓으면 TE의 반응은 시큰둥하기 때문이다. 잘했다고는 하는데 표현에 감동이 없다. 그리고 그 이상의 피드백이 없다. 다시 힘을 내어 더 많이 노력해 보지만 반응은 여전히 동일하다. 이런 상황이 반복되면 FA는 좌절하게 되고 갑자기 그의 업무능력이 무너져버릴 가능성이 있다. 그러므로 TE는 FA의 업무능력에 대해 약간의 오버가 필요하다. 일은 틀림없이 잘했기 때문이다. 이렇게 상사가 반응할 때 FA는 행복한 조직생활을 할 수 있다. 소통에서도 마찬가지이다. FA의 이야기가 TE에게 별로 흥미가 없어도 진지하게 반응하고 조금은 과장된 반응을 보여주어야 한다. 그래야 FA가 마음을 쏟아서 이야기하게 된다.

FH는 누구에게나 사랑받을 자격을 가지고 있다. 왜냐하면 자신을 희생하면서까지 다른 사람들을 도우려는 열정(?)이 있기 때문이다. 이는 TE에게도 불편하지 않다. 오히려 FI나 FA에게 느꼈던 불편감은 없다. FH가 그만큼 친절하기 때문이다. 하지만 배려가 그리 깊지 못한 TE가 FH의 수고를 찬찬하게 격려하지 못했을 때, FH는 스트레스 상황에 빠진다. FH를 상대하는 TE가 이런 배려를 잊지만 않는다면 큰 문제는 발생하지 않는다. 소통은 어떨까? 역시 이 부분은 문제가 있긴 하다. TE가 이해하는 영역과는 전혀 다른 곳에 FH가 있기 때문이다. 이해와 감정은 서로는 평행선이다. 한쪽은 이해가 안 되고, 한쪽은 감성이 메말라 보인다. 특히 조직의 소통을 책임져야 하는 TE라면 먼저 이 부분의 소통 부재를 인식하고 이 부분을 특별히 더 신경 써야만 불필요한 갈등을 피할 수 있다.

TE와 AC가 만나면 뭐라고 할까? 영원히 만나지 못하는 평행선 같은 느낌이 든다. TE는 원래 밝은 사람이지만, AC의 무례한 행동을 보면 그를 아주 지능적으로 괴롭히기 시작한다. 특히 그것이 그에게 어떤 흥미를 제공한다면 더 문제가 된다. 그 흥미가 가시기 전까지는 AC를 괴롭히는 것을 멈추지 않을 것이기 때문이다. 당하는 AC 또한 호락호락하지 않다. TE가 직장의 상사이기 때문에 함부로 할 수는 없지만 그냥 죽어지내지는 않는다. 그래서 둘 사이의 전쟁은 아주 지속적으로 진행된다. 출발점은 AC일 수 있지만 그 정점은 TE가 찍는 경우가 많다. 자신의 성질을 견디지 못한 AC가 반드시 큰 소용돌이를 일으키고 뛰쳐나갈 것이기 때문이다. 그래도 TE는 눈 하나 깜짝하지 않는다. 오히려 이런 결과를 향해 치밀하게 계획했다고 해도 과언이 아닐 것이다. 머리형들이 누군가를 공격하겠다고 마음먹으면 무섭다. 치밀하고 철저하기 때문이다. 행동형들이 소리만 크고, 행동만 격한 것과는 다른 아주 조용한 공포가 상대를 덮게 된다. 하지만 이런 전쟁에 희생되는 것은 역시 조직이다. 둘 사이의 전쟁에서 TE는 아주 흥미롭게, AC는 아주 격정적으로 임하지만, 조직은 늘 숨죽이며 둘 사이를 지켜봐야 한다. 조직의 소통이고 뭐고 고려할 시점이 아니다. 이런 비극적(?) 결말이 오기 전에 조율해야 한다. TE가 관리자이므로 조직을 위해서 이런 지경이 되지 않도록 미리 손을 써야 한다. 먼저 AC에게 권한과 한계를 분명히 알려줄 필요가 있다. 조직을 위한 가이드라인을 지킬 수 있도록 교육하고, 필요한 만큼 AC에게 책임을 부여한다면 의외로 잘 진행될 수 있을 것이다. TE가 이 일에 흥미를 느끼고 지적 능력을 사용한다면 AC 한 명을 사로잡는 것은 아주 쉬운 일이다. 충성스러운 신하가 된 AC는 임금을 위해 목숨을 바치는 용사가 될 준비를 할 것이다. TE가 마음먹기 나름이다. 소통도 마찬가지이다. AC에게 소통이란 '몸으로 함께 부대끼며 살아감'일 수 있다. TE는 이 부분을 잘 인식하여 함께하는 작업(주로 육체적 작업을 말한다.)을 자주 할 필요가 있다.

AP는 어디서든지 잘 적응하는 편이다. 그리고 조직의 평화를 위해서 늘 헌신하는 타입이기 때문에 조직에 아주 유용하다. 문제는 스스로의 스트레스를 어떻게 관리하느냐로, 관리자는 그가 자신의 스트레스를 효율적으로 관리할 수 있도록 어떻게 도움을 줄 것인가 하는 것이다. 이런 면에서 TE는 아주 적격이다. 그/녀가 이 문제를 바로 인식만 한다면, AP를 잘 다룰 것이고 또 AP가 스스로의 스트레스를 잘 완화시킬 수 있도록 환경을 만들어갈 것이다. 정말 중요한 포인트는 이것이다. 이것을 'TE가 흥미로워하는가?'이다. 그래서 TE가 관리자가 되면 조직에 대한 책임성을 배워야 할 필요가 있다. 그가 이를 인식만 한다면 조직을 아주 효율적으로 운영해 갈 것이다. 얼마나 지속될지가 문제겠지만 말이다. 둘 사이의 소통은 잘 되지 않을 가능성이 크다. AP가 항상 소극적인 자세를 취할 것이기 때문이다. 그러나 AP의 의견이 있으므로 TE는 AP가 의견을 표현할 수 있도록 다양한 방안을 마련한다면 소통으로 인해서 생기는 어려움은 많이 줄어들 것으로 예상된다.

TE에게 AR은 참 힘든 존재이다. 인생의 재미를 모르고 늘 투덜대며 사는 사람같이 보인다. 심지어 조직의 리더로서 TE는 AR을 암적인 존재로까지 볼 수 있다. TE와는 너무 스타일이 다르기 때문이다. TE는 '인생은 흥미로워야 한다'고 생각하고 AR은 '인생은 바르게 세워져야 한다'고 생각한다. TE는 아주 치밀하게 일 만들어가는 것을 좋아하고 AR은 완성된 것을 지키는 것을 좋아한다. TE는 항상 웃으려 하지만 AR은 항상 인상을 쓰고 있다. 하지만 AR이 조직을 건전하게 만드는 것은 사실이기 때문에 TE가 싫다고 함부로 AR을 소외시킬 수도 없다. 해법은 둘 사이의 차이를 설명하면서 드러난 것 같다. 둘의 영역이 너무 다르므로 둘 사이의 영역을 분명히 구별해서 업무를 다루면 된다. 그러면 서로 부딪힐 일이 많이 줄어들게 된다. TE은 일을 만들어가고 AR은 이를 지키게 하면 된다. TE가 조직의 분위기를 환하게 만들면 AR에게는 조직의 뒷문을 지키게 하면 된다. 이런 조화를 이루어낼 수만 있다면 그 조직은 더할 나위 없이 완벽해질 수 있을 것이다. 소통에 있어서도, 조직의 관리자인 TE가 어떤 상호문제나 갈등이 생기기 전에 먼저 AR의 의견을 충분히 이야기하게 하면 된다. 그러면 AR의 의견 중에 타당한 것을 조직에 적용시키고 AR의 의견이라 할지라도 조직에 맞지 않는 것은 사전에 조정하면 되는 것이다. TE가 마음먹으면 이런 일쯤은 충분히 조정할 수가 있다. 다시 반복되지만 마음을 먹는 것이 어렵고 그것을 지속하는 것은 더 어려운 TE이다.

TE는 기분 좋은 사람이다. 항상 밝고 스마트하다. 그러나 흥미를 자주 잃기 때문에, 흥미가 떨어진 일에 급작스럽게 소극적으로 바뀔 수 있는 단점이 있다. 이를 위해 자기 관리를 잘 해나가야 할 필요가 있다. 조직의 관리자가 무너지면 조직은 큰 타격이 생기기 때문이다. TE를 신경 쓰이게 하는 유형이 있었다. FI, AC, AR. 이들은 모든 유형들이 어려워하는 유형이다. 그러나 FI와의 소통을 힘들어하는 것만 제외하면 나머지는 그/녀가 마음만 먹으면 얼마든지 요리할 능력이 TE에게는 있다. 물론 관계에 대해서도 이 흥미와 지속성을 얼마나 유지하게 할 것인가 하는 아주 어려운 문제를 안고 있기도 하다.

TE에는 어떤 사람들이 있을까?

### 1) KBS 드라마 '김 과장' - 김성룡 역

천재는 노력하는 자를 못 이기고, 노력하는 자는 즐기는 자를 못 이긴다고 했던가. 하지만 여기 '노력하며 즐기는 천재'가 있다! 김성룡! 선천적으로 타고난 근성과 깡, 비상한 두뇌와 돈에 대한 천부적인 감각 & 재능을 골고루 지닌 능력자다. 그리고 그런 귀~한 재능을 자금삥땅에 적극 활용하는 꾼(?)의 기질까지 타고났으니 이를 당할 자가 없다. 자신의 목표 '덴마크 이민의 꿈'을 위해 이리저리 소소하게 자금삥땅을 치며 살던 어느 날, (돈 많은) 대기업 TQ그룹의 경리과장 채용공고를 보고 꿈에 부푼다. 여기라면 크게 한탕 하고 하루빨리 덴마크로 갈 수 있겠다! 설마하며 던진 이력서가 덜컥 뽑히며 찬란한 덴마크 이민의 부푼 꿈을 가득 안은 채 서울로 입성한다. 저 멀리서 다가오는 시커먼 먹구름의 정체를 전혀 모른 채 말이다.

#### 김 과장의 이야기 속에 나타난 TE

#1

조민영 : 도대체 무슨 일이야?

김 과장(남궁민) : 그냥 넘어가면 안 되죠.

고만근 : 뭘 그냥 못 넘어가.

김 과장 : 사람을 기만하고 누명을 씌우려 그랬으면 벌을 받아야지~

(직급카드를 꺼내 보이며 살짝 미소짓는다) 잊으셨어요?

저한테 임원징계 요구권이 있다는 거.

조민영 : 그래서 뭐. 징계라도 받게 하겠다는 거야?

김 과장 : 이사회에 정식으로 보고하고 대차게 징계 한 번 받으실래요?

나는 그냥 그간의 정도 있고 해서 간단하게 넘어갈라 그랬는데.

나 실장님. 말씀 드리세요.

나 실장 : 이사회에 징계 건의를 올리는 대신

윤리 경영실에 반성문 20장 이상을 제출하시면 됩니다.

조민영 : (벌떡 일어서며 앞의 테이블을 뒤집으려 하면서) 이것들이 미쳤나!

(나 실장이 테이블을 붙잡으며 조민영을 쳐다봄)

김 과장 : (일어서며) 알았어요. 이사회에 징계요구할게요.

고만근 : (김 과장을 붙잡으며 알았다는 듯이) 자, 잠깐만 있어봐~

(이후 조민영과 눈빛을 주고받으며 말린다.)

김 과장 : 너~ 무 오래 걸린다.

고만근 : (다급히) 자, 잠깐만!

(다시 한 번 조민영에게 반성문 쓰자는 눈빛을 보낸다. 조민영이 뒷목 잡고 쓰러진다.)

김 과장 : (다시 자리에 앉으면서) 자! 나 실장님 반성문 형식이 어떻게 되죠?

나 실장 : 말씀드린 대로 A4 용지 20장 이상.

폰트는 바탕체, 크기는 11, 줄 간격은 170으로 하시면 됩니다.

김 과장 : 오랜만에 마무리?

나 실장 : (손가락으로 입꼬리를 올리는 듯한 제스처를 하며) 화내기 없~기~

김 과장 : 원 모어 타임. (같은 제스처로) 화내기 없~ 기~

### 2) tvN 드라마 '미생' - 한석율 역

"회사가 좋아요, 일도 좋습니다. 물론 여자도 좋구요." 자칭 패셔니스타, 장그래 절친(이 되고픈), 안영이조차 자신을 좋아한다고 착각하는 자뻑(?)에 도끼병이다. 여자에 대한 무한한 관심, 그조차도 업무의 연장이라 생각하는 자신감, 그리고 뻔뻔함. 기면 기고 아니면 아닌, 이분법적 논리만이 진정한 남자의 조건이라 생각하고, '진짜 남자!'를 입에 달고 산다. 그럼에도 전~혀 밉게 보이지 않는 석율의 최대 무기는 때와 상대를 불문하는 강력한 친화력. 누구를 상대하든 먼저 말을 붙이고, 자신이 인정한 상대라면 진심으로 친해질 준비가 되어 있는 석율. 일하는 짬짬이 회사 구석구석을 쉬지 않고 돌아다니며 정보를 빨아들이는 통에 모르는 게 없고, 그에게 들어간 소문이 사내에 퍼지는 데 채 1초도 필요치 않다. 그래서 사람들은 그를 언제 터질지 모르는 시한폭탄, '원 인터'의 확성기, 개벽이 등으로 부른다. 하지만 정작 그가 듣고 싶어하는 호칭은 워커홀릭. 일이 아니면 죽음을! 낮이고 밤이고(?) 일하는 게 가장 즐겁다는, 참 보기 드문 청년이다.

## 김 과장의 이야기 속에 나타난 TE

#1

(장부터 남다른)

한석율 : (씨익 웃으면서) 파트너 정하셨어요?

섬유 2팀 인턴, 한석율입니다. (하~ 웃으며)

PT 소식 듣고 부랴부랴 왔습니다. 파하하하~~~(웃는다.)

기계공학을 전공했고 수많은 공모전에서 입상한 실적도 갖고 있죠.

허나 기계를 만지작거리는 거에 전혀 흥미가 없어요.

오히려 기계원리를 이해하고 그것을 누군가에게 전달하는 매력에 빠진 겁니다.

바로 영업!

(계속 이야기를 하니 듣던 장그래가 가버린다. 그 모습을 보고 하하하하하하하 웃음을 터뜨린다.)

한석율 : 삶이 뭐라고 생각해요? 거창한 질문 같아요? 간단해요.

선택의 순간들을 모아두면 그게 삶이고 인생이 되는 거예요.

매순간 어떤 선택을 하느냐. 결국 그게 삶의 질을 결정짓는 거 아니겠어요?

우리가 이 옥상에 올라온 지 5분이 지났어요.

잊지 마십시오. 이 5분이,

이 옥상에서의 5분이 당신 인생을 바꿔줄 최고의 5분이었다는 사실 말입니다.

하하하

당신의 안목을 믿습니다!

(손에 키스하고 장그래에게 미소지으며 날림)

### 3) 드라마 '그녀는 이뻤다' - 김라라 역

'더 모스트'. 진성매거진에서 발간하는 글로벌 라이선스 패션 매거진. '더 모스트'의 편집장. 진성매거진의 모그룹인 진성그룹 회장의 막내 여동생이다. 1년 전 이탈리아에서 이혼하고 들어온 후 회장 빽으로 편집장 자리를 꿰차고 앉았다. 잡지 만드는 일보다는, 각종 파티를 즐기고 셀러브리티들과 어울리는 명함만 편집장인 존재. 때문에 실질적인 편집장 역할은 모두 부편집장인 성준이 맡게 된다.

### FI상사와 조직 간의 소통 : 매우 역동적이고 자유로운 조직의 리더

FI가 조직의 관리자로 있으면 조직은 매우 자유로워진다. FI 자신이 규율과 틀을 매우 싫어하기 때문에 조직 안에서의 규율과 틀을 무너뜨리려고 노력할 것이다. 자유로운 분위기 안에서 번뜩이는 아이디어와 창의적인 생각들을 매우 중시하게 되고, 조직은 이를 향해 더 집중하게 될 것이다. FI가 조직의 리더로 있다는 것은 그/녀가 그/녀의 창조성을 조직에 필요한 것으로 전환하는 데 성공했다는 의미이므로 자신의 조직원들에게도 이를 강조하게 될 것이다. 이런 분위기가 조직에 자리 잡으면 그 조직은 매우 큰 폭발력을 생산해 내고 조직을 혁신시키고 새롭게 하는 중추적인 역할을 하게 될 것이다. 다만 감정의 기복이 심한 FI이기 때문에 이로 인해 상처 입는 조직원들이 많아질 수 있다. 그래서 FI는 자신의 감정을 컨트롤하는 방법을 익혀야 한다. 왜냐하면 그/녀는 이미 조직의 중요한 위치에서 많은 영향력을 가지기 때문이다.

이런 분위기에서 TI는 매우 힘이 든다. 늘 요구되는 아이디어와 창의성은 TI에게는 '외계어'와 같다. 그런 것들이 어떻게 하루아침에 나온단 말인가? 더 많은 자료와 더 많은 연구, 더 많은 시간이 필요하다. 그런데 조직 분위기는 회의 한 번과 심지어 단합회 한 번을 통해서도 번쩍이는 아이디어를 생산해 내야 한다. 그래서 조직 안에서도 약간 돌리는 사람이 된다. 특히 FI는 TI가 마땅치 않다. 직장생활을 저렇게 한다는 것 자체가 FI에게는 숨 막히는 고통이다. TI처럼 살라고 하면 FI는 하루도 못산다. 반대로 TI도 FI처럼 살라고 하면 너무나 불편하다. 이렇게 둘 사이의 궁합(?)이 맞지 않는데 어떤 소통의 기술이 필요할까? 먼저 FI가 기대를 버려야 한다. 폭발적인 아이디어와 번뜩이는 창조성을 TI에게 기대해서는 안 된다. 그러므로 이런 부분의 업무를 TI에게 맡겨서는 안 된다. 오랜 시간이 걸리는 그러나 차분히 해내면 완성하는 그런 작업을 TI에게 맡겨야 한다. 그래서 프로젝트를 완성하고 실행한 이후, 이를 마무리하는 작업을 TI가 하게 하면 좋을 것이다. 하지만 궁극적으로 FI가 이끌어가는 부서에는 TI가 맞지 않다. TI는 자신의 의견을 정리하고 이야기하는 데도 많은 시간이 걸린다. 그래서 소통에서도 많은 예비적 단계가 필요하다. FI가 견디기 힘든 시간이다. 하지만 조직이 행복해지려면 이를 감당해야 하는 것이 FI의 과제이다.

FI가 볼 때 TL은 참 신기한 사람이다. 사람이 어찌 저리 처음부터 끝까지 변함이 없을까? 그래서 순수한 호기심이 생긴다. TI에 비해 그래도 TL은 사교적인 편이라 FI가 볼 때 덜 답답하고 덜 부담스럽다. TL

은 사람들에게 이런 이미지로 심겨지기를 바라고 부단히 노력하기 때문이다. '편안한 사람, 안정적인 사람, 그래서 늘 좋은 평가를 받는 사람' 이러한 평가를 외부에서 받는 것도 중요하지만 스스로가 자신에게 이런 평가를 하는 것이 더 중요하다. 어쨌든 그렇기에 모든 사람들로부터 칭찬을 듣는다. FI도 TL을 긍정적으로 평가하기 때문에 둘 사이는 비교적 원만하다. 하지만 사실 TL은 너무 힘들다. 말은 못하지만 FI가 추구하는 조직의 방향이 너무나 부담스럽다. 날마다 새로운 것을 한다는 것은 TL에게는 가시밭길과 같은 느낌이다. 너무 낯설어 불안하기 때문이다. 늘 익숙한 것을 익숙하게 처리하는 데 마음의 결이 나 있기 때문에 이런 일들은 아무리 해도 익숙해지지가 않는다. 그래도 죽을 힘을 다해 견딘다. 이 상태를 무너뜨리고 싶지 않기 때문이다. FI는 이런 TL을 아낀다면 TL이 너무 불안하지 않도록 배려해야 한다. 새로운 프로젝트를 시행하더라도 미리 정보를 주어서 불안을 조금 완화시켜 주어야 하며, 프로젝트의 선봉에 서게 하기보다는 중간에서 이를 처리해 주는 역할을 맡기는 것이 더 좋다. 소통은 어렵지 않다. 잘 이해시켜 주면 되고 또 TL을 잘 이해하려고 노력하는 태도를 보여준다면 안정화에 들어갈 것이다.

FI와 TE는 항상 어색한 사이이다. FI는 TE의 밝음이 '깊이 없음'이나 '능력 없음'으로 인식하는 경향이 있다. 그래서 TE를 의도적으로 무시하려 한다. 기본적으로 싫어하는 스타일이라는 것이다. 깊은 통찰을 가벼운 분석으로 바꾸는 것 같아 싫고 진지한 숙고를 웃음으로 해석하려는 것도 싫다. 무엇보다도 금방 싫증을 내는 것 같은 태도는 진저리가 쳐진다. 이는 모양은 다르지만 FI 자신의 단점이기도 하기 때문이다. TE에게는 흥미의 변화이지만 FI는 감정의 변화이다. 그래도 조금만 참을성 있게 지켜보면 TE가 그렇게 일을 못하는 것은 아니다. 아이디어도 곧 잘 내고 흥미로운 일에는 놀라운 에너지를 발휘한다. 그래도 FI는 TE가 그냥 싫다. 이것이 너무 외적으로 드러나기 시작하면 TE는 가라앉기 시작한다. 그가 분위기 만드는 역할을 했기 때문에 그가 가라앉으면 조직의 분위기가 가라앉기 시작한다. 아이디어와 창의성은 사실 분위기에 많이 좌우되기 때문에 조직 전체로 봐도 위기가 된다. 이것이 FI가 TE를 잘 다루어주어야 하는 이유이다. 어떻게 해야 하는가? TE를 아이디어 뱅크로 사용하라. 그의 능력을 인정해 주어라. 그리고 조직의 분위기를 잘 이끌어가도록 허락해 주어라. 그 모습이 참기 힘들지만 참아주어라. 그러나 FI에게 충성심을 보이는 것을 잊지 않도록 알려주어라. 즉 FI에게 깍듯한 예의를 지키도록 하라는 것이다. 이 정도의 방법을 FI가 실행한다면 조직을 위해서 TE를 잘 다룰 수 있지 않을까 싶다. 소통에서는 서면으로 서로의 생각을 나누는 것도 좋다고 생각한다. 만나면 길고 진지한 대화가 이루어질 가능성이 매우 적으므로(FI의 감정선이 날카롭게 서게 된다.) 서면을 통해 소통하는 것도 매우 좋은 방법이라고 생각한다.

FI와 FI가 만났다. 서로에게 너무나 깊이 끌린다. 부하직원은 상사가 자신의 이상형이 되고 상사는 부하직원이 참 괜찮은 인간으로 보인다. 죽이 척척 맞는다. 아이디어 회의를 할 때마다 서로에게 내심 감탄한다.

FI는 창의적인 부서 분위기를 만들어가는 핵심 요원이다. 서로가 서로를 닮아가기도 한다. 외모, 장식, 말투 등등. 매력적인 것이 너무 많다. 그래서 은근히 모방을 한다. 원래 성격상 '유니크함'을 추구하기 때문에 다른 사람들과 같은 옷이나 장식 하는 것을 매우 싫어하지만 이 경우에는 서로 간에 뭔가 통하는 무엇이 된다. 이들의 호흡과 시너지가 너무 커지면, 조직 자체가 둘밖에 보이지 않는 것처럼 되기도 한다. 당연히 이렇게 되면 소외되는 사람들이 너무 많아지게 된다. 이를 유념하고 조심해야 한다. 그러나 아마 잘 되지 않을 것이다. 마치 사랑에 빠진 사람들처럼 되기 때문이다. 그러므로 조직 관리자인 FI가 이 사실을 잘 기억하고 조직에 나쁜 영향력을 미치지는 않는지를 잘 살펴보아야 한다. 하지만 늘 좋은 면만 있는 것은 아니다. 두 사람 모두 감정적인 파도가 찾아오면 너무 힘들어진다. 마치 메가톤급의 폭풍이 겹쳐서 오는 것 같은 분위기가 형성된다. 조직 분위기가 말이 아니다. 마치 폐허 도시처럼 삭막해진다. 역시 조직 관리자 FI가 잘 해야 한다. 두 사람의 감정적 파도를 조직 안에서가 아니라 조직 밖에서 원활하게 풀 수 있는 장을 미리 마련해야 한다. 그래서 두 사람의 감정적 파도가 조직 안에 몰아치지 않도록 노력해야 한다. 소통은 말하지 않아도 안다(필자가 가장 싫어하는 말이기는 하지만 말이다.). 그래서 좋은 점도 있지만 나쁜 점도 많다. 미리 알기에 서로 미리 아파하고 미리 속이 상한다. 그래서 서로 간에 말을 해야 한다. 언어는 우리의 이해를 분명하게 전달하고 알게 하는 수단이기도 하지만, 놀랍게도 우리의 감정을 순화시키고 정리하게 하는 힘을 가지고 있기도 하다. 그러므로 말하지 않아도 아는 사이이지만 반드시 서로의 마음과 감정을 이야기하는 시간을 정기적으로 가질 필요가 있다.

상사인 FI는 일 잘하는 FA가 싫지는 않다. 그러나 좋아하지는 않는다. 겉으로는 신뢰하는 척하지만 속으로는 조금 경멸하는 마음을 품고 있을 수도 있다. FA의 비열함, 비겁함 또는 지나치게 계산적이기 때문이다. FA는 일을 완벽하게 해내려고 한다. FI에게 잘 보이고 인정받기 위해서이다. 그/녀는 일 못 한다는 소리는 죽기보다 듣기 싫어한다. 특히 상사인 FI에게 '일 잘한다'는 소리를 꼭 들어야 하는, 그리고 꼭 듣고 싶어하는 소리이다. 하지만 FI는 이런 그의 이면에 있는 '부정적 감정들'(비열, 비겁, 계산적이고 이기적임 등)을 통찰한다. 그래서 진심으로 그를 좋아하지는 않는다. 오히려 마음속으로 비난하기도 한다. 하지만 외적으로는 아무런 문제가 없다. 서로가 서로를 좋아하고 신뢰하는 분위기가 연출되기 때문이다. 또한 이 때문에 조직도 문제없이 원활하게 돌아간다. 이들의 소통은 역시 잘 된다. 감정적인 부분을 서로가 이해하기 때문에 비교적 서로를 잘 이해하려 든다. 문제는 FI가 마음 문을 닫고 그를 만나기 때문에 생긴다. 이를 FA가 잘 알지 못하도록 포장을 하지만 때로는 FI가 이를 드러내놓고 비판할 때도 있기 때문이다. 감정 조절이 실패한 날에 말이다. 그래도 FA는 조직에서의 인정을 위해 스스로 잘 추스르는 편이다. 소통을 위해서 FI는 FA의 목표를 잘 이해해 줄 필요가 있다. 이러한 인정이 FA에게는 큰 힘이 될 수 있기 때문이다. 그러나 FI가 FA를 대할 때의 '이면교류'(심리학에서 교류분석의 용어로 외적 표현과 내적 마음의 전혀 다른 교류형태를 말한다.)는 어쩔 수 없을 것 같다.

FI와 FH 사이에는 문제가 없다. FI보다는 FH의 성향이 워낙 이타적이라서 FH와 관계하는 모든 사람들이 다 편안해 한다. 마치 그것을 위해서 사는 사람처럼 FH가 살기 때문이다. FI도 FH를 무척이나 좋아한다. 항상 챙겨주는 것도 좋아하고 또 늘 부드러운 태도도 좋아한다. 강렬하고 예민한 작업으로 신경이 날카로워져 있어도 FH를 보면 위안이 된다. 그래서 FI는 동생처럼 FH를 챙긴다. 때문에 FH도 FI를 무척이나 따른다. 자신이 하지 못하는 직선적인 말투나 놀라운 통찰력 등이 존경스럽다. 그러나 항상 그렇듯이 FI의 감정적 변덕은 FH를 당황하게 하고 힘들게 만든다. 그러나 대체로 FI도 FH 앞에서는 이를 잘 조절하려 노력하고 FH도 FI의 변덕스러운 성격을 잘 이해하고 받아준다. 소통에서도 그리 큰 문제는 없다. FI와 FH의 감정선이 기본적으로 비슷하기 때문에 서로를 잘 이해한다. 다만 FI가 보다 성숙해져서, 정화되지 않는 감정선으로 FH를 괴롭히는 일을 삼가기만 하면 된다.

FI와 AC, 이전의 경우처럼 세계대전을 준비해야 한다. FI는 AC의 안하무인(眼下無人)을 용납하는 성격이 아니다. 자신이 독특하고 자유로운 성격이지만 예의 없는 자들은 용납하지 않는다. 특별히 AC처럼 이기적으로 도드라지는 타입은 질색이다. 그래서 감정적인 억압을 나타낼 수도 있다. 반면 AC도 이런 대접에 익숙지가 않다. 앞에서 직접적으로 반감을 표현한다. 하지만 FI가 부하직원이었을 때의 경우처럼 사라지지 는 않는다. 그것은 AC에게는 패배를 인정하는 것이기 때문이다. 그래서 FI는 AC가 더 보기 싫다. 사라지라고 공격을 해도 절대 사라지지 않고 다음 날 나타나기 때문이다. 왜 이런 전쟁이 일어나는 것일까? 서로를 잘 이해하지 못하기 때문이다. FI는 자유로운 영혼이다. 누군가가 규율하고 통제하는 것 자체를 마땅치 않게 여긴다. 그리고 창조적인 조직 운영을 모토로 삼고 있다. 그러나 AC는 그런 것이 용서되지 않는다. 자신도 잘 지키지 못하면서 예의 없는(더 정확한 표현으로는 자신에게 굴복하지 않는) 직원들이 용납되지 않는다. 자신이 먼저 리더로서의 실력과 자격을 갖추면 괜찮을 수 있는데, 그렇지 않을 때도 그 버릇을 버리지 못한다. 이 부분이 FI에게는 결코 지나칠 수 없는 부분이다. 자신도 조직 안에서 소리치거나 억압적인 태도를 보여주지 않는데, 나 아닌 조직원들이 그런 행동을 보이는 것은 참으로 힘든 상황이다. 늘 트러블을 만들어내는 AC가 업무적으로도 뛰어나지는 못하다. 리더의 역할을 잘 하려 하지만, 그 리딩 실력이 형편없을 때가 많다. 하지만 AC가 실력을 갖추면 그 추진력은 놀라운 것이 된다. 그러므로 조직의 활성화를 위해서 FI는 AC의 실력을 우선 갖출 수 있도록 도와주어야 한다. 그러면 그의 리더십과 실력이 굉장한 시너지를 일으킬 것이다. 둘 사이의 소통은 참 어렵다. 몸으로 말해야 하기 때문이다. 다행히 FI는 운동에도 소질이 있는 경우가 많기 때문에 이로써 AC와 소통해야 한다. 이 소통이 가능해지면 의외로 AC가 FI에게 순응할 수도 있다. 감성적인 약골이 아니라, 다재다능한 인재라는 인식을 받기 때문이다.

FI와 AP. FH처럼 AP를 싫어하는 사람은 없다. FI도 AP를 믿음직스러워한다. 겉으로 표현은 잘 하지 않지만, 업무를 위임할 때 보면 AP에 대한 신뢰를 어김없이 보여준다. 그만큼 AP가 움직이기 때문이다. 위로만 향하는 FA와 달리(그래서 FI는 FA를 싫어한다.) AP는 위와 아래로 종횡무진 다니면서 조직의 평화를 위해 애쓴다. 어떨 때 보면, 조직의 어머니 같은 역할을 한다. 이를 잘 알기 때문에(AC는 잘 모르는 경우가 많다.) FI는 AP를 무척이나 아낀다. 그래서 어려운 일이나 고민이 생기면 AP와 이야기를 한다. 이런 경우에도 AP는 자신의 역할을 훌륭하게 해낸다. 문제는 AP가 자신의 문제는 끙끙대고 말을 하지 않는다는 것이다. 결국 밖에서는 천사처럼 살지만, 안은 썩은 지팡이 같을 때가 너무도 많다. FI는 AP가 이렇다는 사실을 잘 이해하고, 너무 기대려고만 하지 말고 때로는 그의 어깨가 되어주어야 한다. FI와 AP와의 소통은 이럴 때 일어난다. FI가 AP의 기댈 언덕이 되어줄 때이다. 어쩌면 이럴 때 AP의 입에서 너무 놀라운 이야기들이 쏟아져 나올 수도 있으니, 어깨를 빌려주면서 FI는 마음의 준비를 단단히 해야 한다. 이러한 소통이 원활해지면 조직은 매우 든든해지고 행복해질 것이다.

FI상사의 눈에 AR은 고집쟁이 잔소리꾼으로 비춰진다. 조직의 창의성을 깨는 조직의 적인 것이다. 그래서 FI가 은근히 AR의 단점을 지적하기 시작한다. FI는 통찰력 있는 매우 날카로운 눈을 가지고 있기 때문에, 스스로도 바른 자로 서기를 바라는 AR의 단점이 너무나 잘 보인다. 그래서 AR은 FI 앞에서 더 작아지는 경우가 많다. 나보다 나의 단점을 더 예리하게 파악하는 사람이기 때문이다. 안 그래도 위축되기를 즐겨하는(?) 성격이 겨우 입을 열어 자신과 타인을 비판하고 다니다가 임자를 만난 것이다. 더군다나 조직에서 상사이니 더 꼼짝할 수 없다. FI가 은근히 통쾌함을 즐길 때 AR은 너무 아파할 수 있다. 그러니 FI상사는 조금 더 넓은 마음으로 AR을 바라볼 필요가 있다. 사실 현재 제일 힘든 사람은 조직의 문제를 짚고 넘어가려고 하는 AR이다. 자신을 힘들게 하다가 그 도가 넘쳐 이제 조직을 힘들게 하려는 것이기 때문이다. FI는 AR의 이야기를 개인적으로 들어줄 필요가 있다. 그리고 그의 이야기 중에 합리적이지 않은 부분을 알려주면 된다. FI 앞에서 AR은 분명히 자신의 단점들을 고쳐갈 것이다. 그러나 이것이 개인적인 관계에서가 아니라 공개적인 자리에서라면 AR에게는 '대환란'이 다가오는 것이니 FI는 반드시 유념할 필요가 있다.

FI는 놀라운 아이디어맨이고 번뜩이는 재능으로 조직의 변화와 발전에 크게 공헌할 사람이다. 그러나 체질적으로 틀이나 규율을 싫어하기 때문에 조직의 변화를 추구하는 선봉장이 된다. 그의 밑에 있는 사람들은 너무나 자유로운 조직생활을 할 수도 있지만, 창의성의 부분이 생소한 사람들은 매일이 스트레스가 될 수 있다. 또한 그의 감정의 곡선은 일반적인 사람이 소화하기에는 너무나 굴곡이 커서 FI와 함께 일하는 부하직원들에게는 제일 힘든 부분이 될 것이다. 그리고 자유를 추구하면서도 비열함이라든지 예의나 상하관계를 무시하는 사람들에 대한 철저한 응징도 가하기 때문에 조심해야 할 것이다.

FI의 특징을 그대로 드러내는 인물들이 있다.

### 1) tvN 드라마 '미생' - 오상식 역

"장고 끝에 악수 둔댔다. 감 왔으면 가는 거야!" 일 아니면 죽음을 달라. 자투리 업무가 태반인 영업3팀의 수장. 지독한 워커홀릭. 회사 권력라인에는 전혀 관심이 없는 그는 회사의 실세인 전무와 대적하는 것도 마다하지 않는다. 결국 잘나가던 자원1팀에서 온갖 부서의 뒤치다꺼리나 하는 영업3팀으로 좌천당했다. 모종의 사건으로 깊어진 전무와의 갈등이 여전한 긴장감으로 이어지고 있지만 그가 관심 있는 건 오직 하나, 일뿐이다. 고작 '월급쟁이'이지만 일을 잡으면 어떻게든 되도록 만들어가는 집념의 상사맨. 구겨진 와이셔츠, 피곤에 쩐 피부, 흐트러진 머리카락과 듬성듬성 난 턱수염, 위궤양 · 식도염 · 지방간 3종 세트는 늘 달고 다니는 이 땅의 보편타당(?)한 중년 직장인 아저씨. 이 책상 저 책상 날아다니는 회사에서의 모습과 함께 집에선 아들 셋 끼고 소파에 널브러진 평범한 40대 가장의 모습을 대변한다. 노련한 통찰력과 승부사 기질은 타의 추종을 불허하지만 김동식 대리와 펼치는 '웃픈' 쿵짝콤비 플레이는 가끔 '덤 앤 더머' 수준이다. 본인의 뜻과 전혀 상관없이 장그래의 멘토로 자리매김된다.

## 오상식의 이야기 속에 나타난 FI

#1

오상식 : (버럭버럭) 그 시간까지 어떻게 가~ 출근시간대야~~~~~!!!!!!

동식아! 우리는 익숙한 거 친숙한 것으로부터 낯설어지는 것을 연습해야 한다.

그래야 우린 좀 더 우리의 삶을 새로운 차원에서 경험해 볼 수 있는 거지.

낯섦을 보기 위해서 우리는,

우리가 두려워하는 공포에서 한 발자국 떨어져 볼 필요가 있다.

김동식 과장 : 부장님이 과장님 정신줄 놓으시면 해고예고 수당 드린대요.

(평소에 정신줄을 잘 놓는다는 증거)

#2

(성희롱 증언으로 오 과장(이성민)에게 앙금이 쌓여 있는 마 부장은 B/L을 빌미로 오 과장을 몰아붙이는데..)

마 부장 : (오 과장이 일어나자) 마무리를 어떻게 해? B/L이 안 넘어왔는데...

성 대리 : 부장님 그, 그건 따로 말씀을 좀...

마 부장 : 정말 안 넘길 거야?

오 과장 : 이미 넘겼다고 말씀드렸습니다.

마 부장 : 대체 어느 업체랑 얼마나 뒷물을 튼 거야? 얼마나 해먹었어?

선 차장 : 부장님! 오 과장님 그런 분 아닌 거 아시지 않습니까?

마 부장 : 당신은 가만히 있어! 길 때 안 낄 때 다 껴 여자가!

선 차장 : 부장님!

오 과장 : (자리에 앉으면서) 그럼 당한 사람은 끼지 못하게 따로 말씀을 하시든지요.

마 부장 : 뭐!?

(오 과장을 째려보며) 너 사과는 왜 안 해? 사과문 왜 안 올려?

오 과장 : 사과할 일이 없으니까요.

마 부장 : 왜 사과할 일이 없어? 사람을 그렇게 때려놓고!

어허허 나이 먹어도 무책임한 건 변한 게 없군, 없어~

오 과장 : 네?

마 부장 : 오리발 신... 요즘 애들 말로 그 뭐냐.. (옆에 대리를 쳐다보며)

성 대리 : 신공이오.

마 부장 : (고개를 끄덕이며) 그래. 오리발 신공이 아주 날로 업그레이드돼요.

오 과장 : 부장님 혹시 작년에 있었던 일 때문에 저한테 이러시는 거 아니시죠?

마 부장 : 뭐? 작년 뭐?

오 과장 : 여사우에서 제기한 부장님 성희롱 문제요.

마 부장 : (놀라며) 뭐 성..!

오 과장 : 제가 증인 섰다고 말입니다.

마 부장 : (소리치며) 야 오상식! 여기서 그 얘기가 왜 나와!!

그리고 성희롱? 그게 왜 성희롱이야?

파인 옷 입고 온 그 여자가 잘못이지!

그래서 내가 뭐 만지길 했어, 들여다보길 했어!?

숙일 때마다 그렇게 가릴 거면 뭐 하러 그런 옷 입고 왔니,

그냥 다 보이게 둬.

그 말이 희롱이야? 성희롱이야? 반어법이잖아!

그런 옷 입고 다니지 말라는 뜻 아니야!

선 차장 : '내놓고 다녀도 볼 만한 것도 없네'라고도 하셨잖아요.

마 부장 : 그러니까 그 말이 성희롱이냐고 어?

(선 차장 마 부장을 째려보며 책상을 서류로 쾅 내리치고 나간다.)

마 부장 : (그 모습을 지켜보며 더 큰 소리로) 커피 좀 타오라는 것도 성추행이래요.

시집 못 간 거 걱정해 주는 것도 성추행이래요.
이놈의 기센 여자들 때문에 살 수가 없어!!!!
(안 사원을 쳐다보며) 야 안영이 너가 말해봐. 그게 성희롱이야? 성추행이야?

안 사원 : (고개를 숙이며 말을 못한다.)

마 부장 : 왜 말을 못해?

안 사원 : 듣는 사람이 성적으로 불쾌감을 느꼈다면 성희롱이라고 생각됩니다.

마 부장 : (일어나며) 야 뭐라고? 야! 너 지금 뭐라고 했어!
(오 과장이 일어나 나가는 모습을 보고) 야! 얘기 안 끝났는데 어디 가!

오 과장 : (소리지르며) 사과문 쓰라면서요! 사과문 쓰러 갑니다!!!

### 2) JTBC 드라마 '욱씨남정기' - 욱다정 역

황금화학 창사 이래 최연소 팀장 승진이라는 타이틀을 갖고 있다. 지난 십 년간 수많은 히트상품을 제조해 낸 화장품 기획자로서 업계 트렌드를 이끌어왔다. 그러나 세 번의 이혼 이력과 지랄 맞은 성격 탓에 명망과 존경보다는 의혹과 질시로 둘러싸여 있는 그녀. 이름하여 욱다정이라 불리는 여인. 그래도 짧은 인생 할 말은 하고 산다. 답답한 건 못 참는다. 참을 인자 세 번이면 살인도 면한다고? 착한 끝은 있다고? 다 개소리다. 세 번 참으면 등신이고, 착한 끝은 호구다. 그래서 욱다정은 오늘도 '욱' 한다.

## 욱다정의 이야기 속에 나타난 FI

#1

(황금화학을 그만두며) 자부심을 가지고 일한 지 너무 오래돼서 말입니다.

(러블리 코스메틱에 와서) 자부심 없이 자리만 차고 앉아서 대충대충, 그러니 결과가 이 모양 아닙니까?

무엇을 하든지, 어떤 결정을 내리든지 '예측불허'

방해를 서슴지 않는 상무에게 들이닥치는 욱다정

심지어 남자사우나에까지 들어가 출입구를 막고 담판을 짓는다.

#2

남정기 : 본부장님 대체 왜 이러세요?

욱다정 : 해결하겠다고 했잖아요. 그래서 온 겁니다.

남정기 : 저기 잠깐만요!

욱다정 : 비키세요.

남정기 : 어떻게 해결하실 건지 여쭤봐도 되겠습니까?

욱다정 : 정면돌파할 겁니다.

남정기 : 본부장님 이건 아니잖아요! 잠깐만요!

욱다정 : 좋은 말로 할 때 이거 놓으세요.

남정기 : 못 놓습니다. 절대 못 놓습니다.

욱다정 : 다칩니다!

남정기 : 죽는 한이 있더라도 절대!

(욱다정이 팔을 꺾어서 매치기 한판!)

남정기 : (꺾인 팔을 고통스럽게 부여잡고 쓰러져서) 으악 욱다정!!!! 악!

#3

직원1 : 욱다정은 왜 러블리로 간데요?

직원2 : 조 사장이 연봉을 세게 불렀나? 그럴 능력이 안 될 텐데.

김환규 : 자부심을 찾고 싶다더군.

직원1 : 예? 자부심이오?

직원2 : 하 뭔 말 같지 않은 소리랩니까?
자부심이 필요하면 얼굴에 보톡스나 한 방 맞을 것이지.
이 따위 거릴 직장에서 찾고 있나 그래 참.

직원1,2 : 으하하하하하.

직원3 : 그래 잘못된 소릴 찍찍 해 대는 걸 보니 맛이 갔습니더.
보내버리길 참 잘하셨습니더.

김환규 : 그러게 말이야. 가르친다고 가르쳤는데 영 못 알아먹더구먼.

직원2 : 지가 왕년에 욱다정이지 거품 빠진 지가 언젠데.

직원1 : 에휴 조동규 그 친구는 어쩌다 그런 폭탄을 껴안았나 몰라.

조동규 : (소식을 듣고 택시 타고 다급한 듯 내려서 뛰어들어간다.)
사사사사우나!!안 돼 안 돼 안 돼!!!

(욱다정 남자사우나 문을 열고 들어가 막대기를 하나 집어들고 김 상무 찾는다.)

직원1 : 아무튼 거침없는 여자야.

직원2 : 새파랄 때 고속승진해 가지고 말들 많았잖습니까.

김환규 : 그런 일이 있었나? 난 몰랐었네.

직원3 : 상무님 성격에 그런 추문 따위가 끼어들어갔겠습니까?
업계에서 그런 말들이 돌긴 했습니다.

직원1 : 아이고 이제 조 사장도 몸조심해야겠네.

(욱다정이 사우나 안에 있는 김 상무와 무리들을 발견하고 들어간다.

김 상무를 제외한 나머지 직원들은 놀라서 도망간다.)

김환규 : 어 너 너 뭐야.

얘가 제정신이 아니구나?

(욱다정 들고 온 막대기를 사우나문 손잡이에 걸어놓고 문을 걸어 잠근다.)

김환규 : 여기가 어디라고 감히!

그렇게 급했어?

니가 이런다고 내가 순순히 봐줄 것 같아?

욱다정 : 제가 상무님 앞에 무릎 꿇기를 바라신다기에 늦었지만 찾아왔습니다.

김환규 : 원하는 게 뭐야?

반품철회? 아님 단산하지 말아 달라고?

니가 뭘 잘못했는지 진심으로 뉘우치고 사과하면

다시 한 번 생각해볼 여지는 있다.

말해봐. 여기까지 밀고 들어온 이유가 있을 거 아니야.

욱다정 : 러블리와는 하청계약을 모두 끊어주십시오.

김환규 : 그래. 계약은 끊고 그래 또 뭘해 .. 뭘...

(당황한 듯) 뭐.. 뭘 ... 뭘 끊어? 계.. 계약을 끊어!?

너 내 앞에 꿇으러 온 거 아니었어?

욱다정 : 꿇으러 온 게 아니라 끊!으러 온 겁니다.

김환규 : 나 이. 이런 미.. 미친년을 봤나. 너 지금 나랑 진짜로 해보자는 거야?

욱다정 : (김 상무 향해 한 걸음씩 다가가며) 해보자는 게 아니라 안 하겠다는 겁니다.

앞으로 황금에서 내놓은 주문은 그게 뭐가 됐든 단 한 건도! 받지 않겠습니다!

### 3) tvN 드라마 '라이브' - 한정오 역

그녀는 자신을 발랄하고 매사에 열심이고, 제 의견이 분명하며, 살아온 배경에 비해 너무도 긍정적이라 여기지만, 남들은 그녀를 성과주의, 차갑고 이기적이고, 결국엔 제 주장을 펴고 마는 싸가지 없고 당돌한 요즘 계집애라고 일갈한다. 그러든지 말든지. 남의 평가에 좌우되는 인물이 아니다. 정오는 결혼할 생각이 없다. 당당하게 취업해서 능력 있는 멋진 여자로 살고 싶다. 그런데 요즘처럼 취업난이 전쟁처럼 치열한 때 지방국립대 화학과를 나온 그녀가 직장을 얻기란 쉽지 않다. 이력서를 지금껏 250여 통, 면접을 70여 번 봤지만 괜찮은 직장을 얻을 수 없었다. 처음엔 스펙 때문인 줄 알았는데, '여자라서'가 가장 컸다. 그녀는 현실을 제대로 인식하고 있었다. 정정당당하게 여자끼리 경쟁해 입직할 수 있는 직업, 재량에 따라선 여자도 남자보다 승승장구가 가능한, 여성과 청소년을 도와주는 민중의 지팡이, 엄마가 사람들에게 거짓말을 안 해도 되는 당당한 직업, 경찰. 이거다 싶었다.

### 4) SBS 드라마 '낭만닥터 김사부' - 김사부 역

그의 본명 부용주. 국내 유일 트리플 보드 외과의. 한때 신의 손이라 불렸지만 지금은 자신을 낭만닥터라 칭하며 은둔생활을 즐기는 진짜 괴짜 의사. 이제 세상에서는 그를 김사부라 부른다. 부용

주는 신속한 판단력과 대담함, 타고난 수술솜씨까지 외과의로서 가져야 할 덕목들을 전부 겸비한 실력 있는 의사였다. 일반외과, 흉부외과, 신경외과까지 트리플 보드를 달성한 국내 유일무이한 실력까지 합쳐져서 97%라는 경이적인 수술성공률을 만들었다. 그랬던 그가 갑자기 병원을 떠난 건 한 생명의 죽음 때문이었다. 세상에 죽어도 되는 생명은 없다. 하지만 죽지 않는 생명도 없다. 의사는 신이 아니기 때문에 누구나 다 살릴 수는 없다. 그런데 그럼에도 그 환자는 분명 살릴 수 있었다. 하지만 죽었다. 그날부터 부용주는 수술대 앞에 설 수 없게 된다. 김사부라는 평범한 별칭으로 돌담병원에 정착한 부용주는 그곳에서 나름 평화롭고 행복한 생활을 보내고 있었다. 그랬는데...

### 5) tvN 드라마 '시그널' - 박해영 역

"세상은 그렇게 아름답지 않아." 욕실에 놓인 책 한 권으로 그 사람의 무의식을 들여다본다. 경찰대를 졸업하고 경위 계급장까지 단 엘리트지만 세상에 대한 불신으로 똘똘 뭉쳐있다. 세상을 비뚤게 보다 보니 느는 것은 관찰력과 의구심뿐. 하지만 아이러니하게도 그 까칠함 덕분에 인간관계를 잃은 대신 꽤 용한 프로파일러가 될 수 있었다. 명색이 경찰이면서 연예인 사생활 탐구를 취미로 삼고 있는 괴짜 아닌 괴짜기도 하다. 입바른 소리란 걸 모르는 해영에게는 남모르게 숨겨놓은 상처가 있다. 세상은 그 '죽음들'을 잊어갔지만 해영에게는 피고름과 진물이 흐르는 아물지 않는 상처 그대로 남아 있는 것이다. 그리고 그때 목격한 공권력의 비리와 무능은 해영에게 경찰에 대한 뿌리 깊은 불신을 심어주기도 했다. 경찰을 싫어하는 경찰이 되어 세상을 삐딱하게 바라보며 살던 어느 날, 해영은 곧 불타 없어질 잡동사니 사이에서 웬 고물 무전기를 발견한다. 도저히 작동할 리 없는 그 낡은 무전기로 누군가가 해영에게 메시지를 전달하기 시작하고 결코 바뀔 리 없다고 믿었던 것들이 놀랍게도 하나둘 바뀌어가는데… 어느새 해영은 희망을 품게 됐다. 이 무전이라면, 이 사람과 함께라면 어쩌면 형을 죽음으로 내몰았던 '그 사건'의 진실도 찾을 수 있지 않을까?

### FA상사와 조직 간의 소통 : 위로만 달려가려 하는 부장님

FA는 일 잘하는 상사이다. 그의 '일 잘함'은 그의 재능에 기인한 것이 아니라 그의 철저한 노력에 기인한 것이다. 그러므로 그의 업무에는 FI처럼 번쩍이는 아이디어는 없다. 그러나 어떤 목표를 달성시키려는 그의 노력은 결국에는 열매를 맺는다. 그만큼 노력하기 때문이다. 그가 이토록 노력하기 때문에 노력하지 않는 조직원들에게 매우 엄격하다. 그리고 치밀하지 못하고 완벽하게 일을 처리하지 못하는 것에 대해 매우 분노한다. 특별히 그것이 자신의 업무적 성과나 진급에 관련된 것일 때는 더 무서워진다. 자신의 길을 방해하는 것은 무엇이든 제거하는 것을 망설이지 않기 때문이다. 하지만 이 부분을 제외하고는 비교적 안정적이고 젠틀한 상사의 모습을 보여준다. 사실 이것도 설정된 것이다. 자신의 감정을 숨기고 성공을 향해 달려가기 위한 설정된 모습이다. 그래서 FA의 주변에는 사람이 그리 많지 않다. 마음을 나누고 통하는 그런 사람이 부족하다. 자신이 먼저 마음을 열지 않기 때문에 상대도 마음을 열 수가 없다. FA는 마음을 한 번 열려고 하면 마음속의 컴퓨터가 복잡한 계산을 하기 시작한다. 그러다 보면 마음 열 기회를 놓쳐버리기에 십상이다.

이런 상사에게 TI는 좋은 먹잇감이다. 첫째는 TI의 업무처리 속도가 너무 떨어지기 때문에 FA에게는 TI가 눈엣가시일 수 있다. 자신이 계획한 업무처리 속도와 성과 분량에 TI가 너무 뒤처지기 때문이다. 물론 그/녀의 일처리가 결국 하나도 틀림없이 분명하게 마무리되지만, FA가 살아가는 경쟁사회에서 그런 모습은 아주 큰 안타까움일 뿐이다. 둘째는 나중에 TI가 만든 성과를 FA가 사용하기가 좋다. TI는 업무의 집중도가 좋기 때문에 조금만 시간을 준다면 좋은 결과를 만들어낼 수 있다. 그러므로 FA는 추후 그의 성과를 가로채서 사용하려 한다. TI의 특성상 아무런 저항 없이 당하게 된다. 때문에 조직 안에서 많은 비난이 일어나지만 FA는 상관하지 않는다. 위로 달려갈 수만 있다면 그런 것은 신경 쓰고 싶지가 않다. 하지만 FA가 정말 신경 쓰지 않는 것은 아니다. 마음속에 다 남아 있다. 그도 역시 '감정형'이기 때문이다. 그래서 나중에 후회하고 괴로워한다. 자신의 욕구대로 달려갔지만 그 욕구를 다 달성한 것도 아니고, 주변 사람들도 다 떠나기 때문이다. 그러므로 FA는 달려가는 것도 좋지만 자신의 평가에 대해서도 조금은 신경을 쓰고 있어야 한다. 왜냐하면 나중에 결국 남는 것은 업무 실적이 아니라 사람이기 때문이다. FA상사는 TI부하직원에게도 많은 배려가 필요하다. TI는 업무밖에 모른다. 이를 통한 성공이니, 조직 속에서의 인간관계니, 업무 효율성이니 다 신경 쓰지 못한다. 그저 자신에게 맡겨진 일을 최선을 다해서 한다. 너무 최선을 다해서 문제이다. 결과를 얻기 위해서는 시간이 많이 걸리기 때문이다. 이 부분을 알려주고 속도를 당겨주고 불필요한 전문성과 깊이를 제거해 주고 효율성을 높여주는 것이 바로 FA상사의 역할이다. 둘 사이의 소통이 쉽지는 않다. 서로의 이해와 감성의 코드가 다르기 때문이다. 그렇기에 FA는 TI의 생각을 자유롭게 말할 수 있도록 충분한 분위기와 특히 시간을 배려할 필요가 있다.

FA와 TL에는 별 문제가 발생하지 않는다. TL이 너무 잘하기 때문이다. TL은 부하직원으로 있을 때는 최상의 직원이다. 오직 조직의 안정을 위해서 노력하기 때문이다. 이 조직의 안정이야말로 TL 스스로의 안정과 직결된다고 생각하기에 조직을 위해서 최선을 다한다. 조직의 발전을 자신의 승진의 기회로 삼기를 바라는 FA에게는 이런 TL이 참 예쁘다. 그래서 별다른 갈등 없이 둘 사이는 잘 진행되어 간다. TL의 충성은 FA의 불합리한 모습까지 덮으려고 들 때가 많다. 자신의 판단에 의하면, FA의 불합리함이 드러나면 조직의 안정에 균열이 갈 수 있다고 생각하기 때문이다. 소통에서도 별다른 문제가 발생하지 않는다. FA가 조직의 안정을 무너뜨리지 않는다면(FA의 이익에 반하지 않는 한, 절대로 그럴 일이 없다.) TL은 자신을 적절하게 잘 드러낼 것이기 때문이다.

FA와 TE 사이에는 갈등의 소지가 충분하다고 하겠다. TE는 FA가 바라는 부하직원 스타일이 아니다. 뭔가 불안정한 요소를 가지고 있기 때문이다. 지나치게 밝은 것도 FA에게는 왠지 눈에 거슬린다. 흥미의 요소가 있을 때 불타오르다가, 그것이 사라지면 지나치게 소극적으로 변하는 것도 싫다. 좀 꾸준했으면 하는 것이 FA의 바람이다. TE를 보면 언젠가는 사고를 칠 것 같은 불안감이 FA의 마음속에 늘 있다. 그래서 FA가 괜히 TE를 무시하고 미워할 수도 있다. 그러나 일을 처리할 때는 매우 우수한 일처리 능력을 보이므로 함부로 쫓아낼 수도 없는 부하직원이다. 그러므로 FA는 TE를 다룰 때, 그의 업무를 향한 흥미나 관심이 사라지지 않도록 조절해 주어야 한다. 매번 업무에 조금씩이라도 변화와 흥미의 요소를 가미할 필요가 있는 것이다. TE가 흥미를 가지기 시작하면 업무의 능력에서는 의심할 필요가 없다. 소통은 잘 되지 않는다. 그래서 FA가 TE의 마음을 지속적으로 물어볼 필요가 있다. 그의 불만이나 요구들에 대해서 FA가 관심을 가지고 해결하려 할 때 조직을 향한 TE의 기여를 보게 될 것이다.

FA가 바라보는 FI는 한숨이 나오는 존재이다. 왜냐하면 FI는 근본적으로 조직에 맞지 않는 성격을 소유한 사람이기 때문이다. 그래서 조직을 와해시키지 않을까? FI를 보는 FA의 마음은 늘 걱정이다. 실제로도 FI는 조직의 규율과 틀을 마음대로 조정해 버리는 일을 자주 하기 때문이다. 그 결과가 좋을 때도 있지만, 결과가 나쁠 때는 FA가 더욱 힘들게 된다. 자신의 발전에 걸림돌이 되어버리는 것이다. 만일 그렇게 되어

FA와 FI가 감정적으로 상하게 되면 조직의 분위기는 엉망이 된다. 그리고 FI가 갑자기 '잠수'를 타버릴 수도 있다. 이는 조직에 많은 어려움을 야기하는 것이므로 이러한 상황까지 가지 않도록 상사인 FA가 좀 더 신경을 써야 한다. 왜냐하면 FI는 이 부분을 별로 신경 쓰지 않기 때문이다. 하지만 늘 FI를 이야기할 때 말했듯이 그의 폭발적인 아이디어와 창의성은 조직의 능력을 한번에 업그레이드시킨다. 그래서 FA가 FI를 더 잘 다루어주어야 하고 그의 능력이 최대한 발휘될 수 있도록 해야 하는 이유이다. 소통은 감성적인 부분이 서로 통한다. 그러므로 감성적 소통을 주로 하는 것이 좋다. 하지만 FI는 FA의 내면을 잘 파악하는 능력이 있기 때문에 다른 목적을 가지고 FI에게 접근하려 하면 오히려 소통의 길이 막혀버린다. FA가 FI를 대할 때는 다른 목적을 버리고 정말 '사람을 알고 싶고, 좋은 관계를 유지하고 싶다'라는 마음으로 접근해야 한다. FA 자신의 상승을 위해 큰일을 할 사람이기 때문이다.

FA와 FA는 참으로 조합이 맞다. 서로의 목표와 이상이 비슷하고 자신의 상승을 위해서 모든 것을 이용하는 습성도 비슷하다. 그래서 서로를 너무 잘 안다. 그리고 서로를 너무 잘 맞추어갈 수 있다. 이들이 모이면 시너지도 크다. 강력한 능력은 부족하지만, 어떤 방법으로든 조직을 발전시키고 조직의 목표를 달성해 가고, 결국 그것으로 인해 스스로가 더 높아지는 방법은 동물적으로 민감하고 탁월하기 때문이다. FA는 그래서 FA부하직원이 비서와 같다. FA부하직원도 자원하여 이 일을 감당한다. 서로가 이렇게 '꿍짝'이 맞을 때는 그야말로 최고의 조합이다.

그러나 어느 하나가 변심하면 관계가 '더티'해진다. 자신의 발전을 위해 서로를 이용하는 관계에서, 어느 쪽이든 자신의 발전에 도움이 되지 않는다고 판단되든지 아니면 오히려 방해가 된다고 생각되면 가차 없이 제거하는 작업을 단행하는 관계로 변질되기 때문이다. 특히 FA상사가 이 부분에 더 탁월한 능력을 발휘할 수밖에 없기 때문에 FA부하직원에게 이런 일이 발생하면 스스로 큰 곤경에 빠질 가능성이 크다. 물론 그 반대의 경우도 영화나 드라마에서 보면 왕왕 있다. 실제로도 그런 일은 얼마든지 가능하다. 그러므로 이런 막장 드라마로 치닫지 않으려면 두 사람 사이의 이런 '이용관계'(I-it의 관계)를 '만남의 관계'(I-You의 관계)로 변화시켜 가야 한다. 이는 '마르틴 부버'의 이론에서 나온 것인데, 사람은 상대를 도구적 관계로 접근하면 그 관계는 언제나 메말라가게 되어 있으며 반대로 하나의 인간으로서의 관계를 위해서 접근하면 풍성한 인간의 관계성이 형성된다는 개념이다. 둘 사이에 이런 소통이 일어나게 될 때, 각 개인과 조직 전체가 가지게 될 리스크를 줄여 나갈 수 있게 된다.

FA와 FH 관계에서는 FH가 일방적으로 당하는 분위기가 조성된다. FH는 헌신적으로 상대를 돕는 것을 자신의 사명처럼 여기는 사람인데 FA는 이를 놓치지 않고 자신의 성공을 위해서 철저히 이용하려 들기 때문이다. 물론 FH는 그것도 무척이나 기쁘게 생각할 것이다. 자신의 도움을 통해서 FA가 성공하고 더 높은 지위에 갈 수 있었다는 것을 자랑으로까지 생각하게 된다. 그러나 문제는 FA의 도가 지나칠 수 있다는 것이다. 그는 FH의 도움을 통해서 더 높은 곳으로 갈 수 있지만 또 그렇게 하려고 노력하겠지만, 그 가운데서 FH를 전혀 고려하지 않는다는 것이 문제이다. 자신이 성공한 일정부분의 덕이 그/녀에게 있는 데도 그/녀를 함께 올려주지 않고 여전히 이용하려고만 드는 것이 문제이다. 이것이 FH와 조직원들의 마음을 상하게 하고 FA의 좋지 않은 평가로 자리할 수 있다는 것을 유념해야 한다. 그러나 FH는 FA가 원하는 한, 상황과는 상관없이 다시 FA를 도울 것이다. 이것이 FH의 가장 큰 단점이다. 돕는 것도 적당히 할 줄 알아야 하는데, 밑도 끝도 없고 어떨 때 보면 속도 없는 것 같다. FA가 조금 더 성숙한 사람이라면, FH를 사용할 뿐만 아니라 그의 수고만큼 그에게 다시 돌려주는 미덕을 발휘해야 할 것이다. 또한 FH가 자신을 위해서도 투자하고 자신을 가꾸어갈 수 있도록 유도해야 할 것이다. FH 스스로는 절대로 그렇게 할 수 없기 때문이다. 그런데 위험한 것은 FH가 스스로를 위해 살려고 할 때, FA가 얼마나 이를 참아낼 수 있을까 하는 것이다. FA가 조직의 관리자로 섰을 때 스스로의 인격적 완성이 매우 요구되는 부분이다. 이들의 상호 소통은 비교적 잘 된다. 다만 FA만의 일방적인 소통이어서는 안 된다.

FA가 가장 두려워하는 존재가 바로 AC이다. AC는 FA의 이기심을 견디는 성격이 아니기 때문이다. 그/녀는 드러내놓고 FA를 비난한다. 그리고 그/녀가 리더의 자격이 없다고 공공연하게 외치고 다닌다. 자신의 성공을 위해서는 그 어떤 장벽도 용서하지 않고 그 어떤 방법을 써서라도 제거하고 위로 향하는 것이 FA지만 이상하리만치 AC에게는 약하다. 타인을 인정하는 법이 전혀 없는 AC이기 때문인지, 부하직원이지만 AC의 리더십의 그림자에 주눅이 든 것인지, 아무튼 약해진다. 그렇다고 그대로 둘 수는 없다. 조직의 분위기가 이것 때문에 와해될 수도 있기 때문이고 또 FA의 성공의 길이 방해를 받을 수도 있기 때문이다. 그래서 FA는 AC와 개인적인 이야기를 많이 해야 한다. 어떤 파워로 그를 누를 수 없다면 회유의 방법을 써야 하는 것이다. 아마 FA라면 그런 방법을 사용할 것이다. 누를 수 없다면 회유하라. 비교적 단순한 AC는 이것을 FA가 자신에게 굴복한 것으로 생각하고 그때부터는 FA를 공격하지 않는다. 그리고 보살펴주어야 할 자기 경계 안의 사람이라고 생각한다. 그래도 FA는 조용해진 것으로 만족한다. 보다 긍정적 시각으로 보면, FA는 AC의 리더십을 인정하고 FA를 잘 도와줄 수 있도록 협력하게 하는 것이다. 이것이야말로 조직소통의 정답이 아닐까? 다만 FA는 AC가 착각할 수 있는 권한과 한계를 잘 인식시키고 그 리더십을 조직의 소통을 방해하는 것으로 사용하지 않도록(강압적으로 소통하려는 자세를 말한다.) 안내하면 된다.

FA와 AP도 어느 정도 궁합(?)이 맞다. 두 사람의 전략적 목표는 다르지만 전술적인 행동양식은 너무도 비슷하다. 즉 FA는 자신의 마지막 목표로 '개인의 성공'을 둔다. 그러나 AP는 '조직의 성공'으로 둔다. 이 두 사람의 전략(최종적 목표)은 이처럼 차이가 난다. 그러나 전술적 행동(실제의 방식)은 비슷하다. 조직의 화합과 발전을 위해서 수고한다는 것이다. 늘 조직이 잘 진행되고 안정적으로 활동하기를 바란다.

그래서 이를 위해 노력한다. 다만 그 목표가 다르다는 차이점이 있다. 그래서 FA는 AP를 무척이나 좋아한다. 자신의 목적을 누구보다 헌신적으로 돕기 때문이다. 다른 많은 유형의 리더들과 마찬가지로 FA도 AP를 백분활용하며 헌신시킨다. AP도 추진력을 가지고 이를 잘 진행해 나간다. 하지만 문제는 AP의 마음이다. 그/녀도 FA가 자신의 목적을 위해 조직과 자신을 이용하고 있음을 눈치 챈다. 그리고 마음으로 FA를 경멸하고 미워하기 시작한다. 그러나 절대 외적으로 이를 나타내지 않는다. 그래서 FA가 더 좋아하고 더 사용하려 드는 것이다. 하지만 그 '인내'가 한계에 다다를 때도 있다. 내부압력이 높아질수록 폭발력이 커지는 것처럼, AP가 끙끙거리며 참는 시간과 분량이 많아질수록 스스로의 스트레스 지수는 올라간다. 이것이 견디기 힘들 즈음에 우리는 AP의 폭발을 보게 될 수도 있다. 그가 만일 폭발한다면 조직이 아노미 상태에 빠질 정도의 큰 사고를 칠 수도 있다. 그러므로 FA는 늘 AP의 이 마음에 '바람 빼기'를 해주어야 한다. 허심탄회하게 이야기하는 시간을 갖는 것이다. 비록 그 내용이 FA에게 수용되지 않거나 조직의 운영에 반영되지 않는다 하더라도 AP에게는 바람을 뺐다는 그 자체만으로도 크게 도움이 된다. FA와 AP의 소통 또한 이런 면에 치중한다면, 두 사람의 관계나 조직의 분위기를 망치게 되는 일은 없을 것이다.

FA의 약점이 AC라면 FA의 고민거리는 AR이다. AR이 늘 자신을 평가하고 있기 때문이다. 그리고 그 가운데 불합리함이나 비열함을 발견하면 쉴 새 없이 이를 떠들고 다닌다. 어떤 때는 마치 '조직의 개혁자'처럼 행동하며 열을 올리기도 한다. 그의 이야기에는 항상 일리가 있기 때문에 많은 사람들이 경청한다. 그렇기에 FA의 실체가 차근히 조직 앞에 드러나기도 한다. 그 입을 막을 수가 없다. 위협이나 다른 방법을 사용하면 할수록 AR은 '영웅 신드롬'에 빠져 더 열심히 이 일을 행한다. 이를 내버려두면 조직 안에서 FA의 영향력과 리더십이 상처를 입는다. 그러므로 AR을 하루빨리 처리해야 한다. 가장 좋은 방법은 AR과 개인적으로 만나는 것이다. 그래서 조직 앞에서 할 이야기를 FA 앞에서 하게 하는 것이다. 그리고 그의 요구를 듣고 변화를 모색하는 것이다. 그래서 조직 앞에서 이런 불미스러운 일이 벌어지는 것을 미연에 방지해야 한다. 그런데 의외로 AR은 몸으로 부딪히는 소통을 좋아한다. 함께 운동하기, 등산하기 등을 통해 그와 소통하면서 그의 이야기를 듣는다면 조직 앞에서 부끄러움을 당하는 일은 줄어들 것이고 조직소통을 통한 원활한 조직 운영도 완성하게 될 것이다.

FA는 이처럼 위를 향해 열심히 일하는 게 그의 유일한 능력이다. 그래서 늘 최선을 다한다. 그리고 어떤 방법을 동원하던지 그 목표를 이룬다. 문제는 이 과정에서 사람을 많이 잃는다는 것이다. 본인이 인식하지 못하는 사이에(이것이 제일 어렵다.) 사람들을 이용하려 들고 비열한 짓을 서슴없이 행하기 때문이다. 그래서 FA는 늘 주변에 사람들을 두어야 한다. 그리고 그들이 하는 이야기를 담백하게 들어내야 한다. 그래야 자신의 약점을 보완하고 자신의 성공이 참된 성공이 될 수 있게 만들 수 있다. FA의 성공지수는 '얼마나 높은 지위에 올랐는가?'가 아니라 '얼마나 많은 사람들과 함께하고 있는가?'가 될 것이다.

드라마에도 FA는 자주 등장한다.

### 1) KBS 드라마 '마녀의 법정' - 조갑수 역

"승리면 승리지, 깨끗한 승리, 더러운 승리, 그런 거 없다." 암울한 7,80년대, 좌익활동가 아버지를 둔 바람에 사시를 패스하고도 검찰 임용에 미끄러졌다. 이후, 경찰 특채로 진로를 틀어 뱀의 머리가 됐지만 출세의 기회마다 아버지 전력이 발목을 잡자 무고한 사람들을 잡아다 빨갱이로 모는 공안형사로 충성을 바쳤고, 그 부분에 한 점 후회나 부끄러움 같은 것은 없다. 경찰청장으로 은퇴한 후 정치권의 콜을 받아 국회의원에 출마해 화려하게 당선, 지금은 4선 국회의원도 마다하고, 형제로펌 고문이사로 있으면서 영파시 시장 선거에 출마한다. 자신의 앞날에 방해가 되는 상황이나 사람들은 납치까지 해서 감금하고 죽이기까지 한다. 자신에게 충성을 다한 오른팔까지도 필요에 따라 자신의 잘못을 누명 씌워 그 상황을 벗어나려고 하는 성격이다.

### 2) MBC 드라마 '하얀거탑' - 장준혁 역

명인대 일반외과 부교수. 훤칠한 키에 강인한 인상의 소유자로 출세에 대한 욕망이 그 누구보다 강한 야심가. 간담도계암 및 췌장이식 수

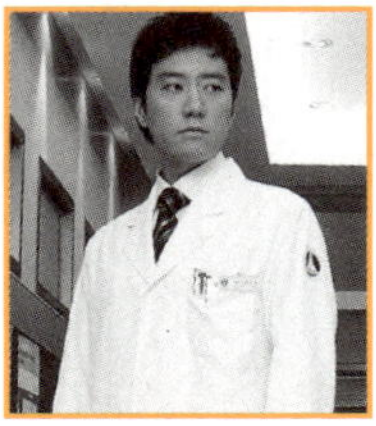

술로 의학계에서 명성이 높으며, 메스를 다루는 솜씨도 탁월하고, 발암이론 연구분야에서도 저명한 학자. 직관적인 판단과 자신만만한 태도, 그리고 냉정한 성격 등이 그를 특징짓는 요건들이다. 때문에 그는 주위사람들에게 거부감을 주기도 하고, 특히 이주완 교수로부터 정교수 자격이 없다고 생각하게 하지만, 의사로서의 그의 능력과 실력만큼은 타의 추종을 불허한다. 그가 다른 의사들과 다른 점이 있다면, 환자의 생명보다는 그가 관심을 가지는 질병에 더 집착한다는 것이다. 즉 환자의 생명을 구하는 것보다 새로운 질병의 케이스들을 만나고 그것을 정복하는 데서 희열을 느끼는 것이다. 그의 이러한 태도는 외과의로서 최고를 꿈꾸는 그의 삶의 목표와 맞닿아 있다. 그가 그런 삶의 목표를 실현해 나가는 과정에서 첫 단계는 바로 일반외과 정교수가 되는 것이었다. 그것은 국내 최고가 되는 것이고, 그것을 토대로 세계 최고로 나갈 수 있는 것이다. 하지만 이주완 교수가 후임을 자신의 모교에서 데려오려 하자 처음으로 인생의 걸림돌이 생긴다.

### 3) KBS 드라마 '김과장' - 박현도 역

TQ그룹 회장으로, 겉으론 기업주로서 인간경영, 가족경영을 표방하지만 실은 탐욕스럽고 잔인하고 잔혹한 돈벌레다. TQ그룹 창업주이자 장인이었던 장두형 회장 사후, 경영권사수를 위해 서

율을 스카우트해, 본격적인 회계조작에 들어가려 한다. 자신의 욕심을 위해서라면 피도 눈물도 없는 간교한 인물이다.

#### 4) KBS 드라마 '슈츠' - 최강석 역

"사연이니, 사정이니 그따위 건 집어치우고 사건만 봐!" 마지막 변론 따윈 필요 없다. 법정에 서기도 전에 이기는 전설의 변호사. 법무법인 강&함의 에이스. 이기는 삶을 산다. 객관적으로 보고, 철저하게 계산하고, 이기적으로 판단한다. 신통하게 사람을 읽고, 창의적으로 틀을 짜고, 주저하지 않는다. 그 결과, 가장 비싸고 스포트라이트를 받는 소송은 언제나 그의 몫이 되었고, 어마어마한 수임료로 자신의 가치와 존재를 증명하며 승승장구 중이다. 완벽하게 자신을 통제하며 성공 가도를 달리던 그가 수석파트너 승진을 눈앞에 두고 돌이킬 수 없는 선택을 한다. 변호사 자격증은 물론, 법대 근처에도 가본 적이 없는 천재 고연우를 자신의 신입 변호사로 고용해 버린 것. 똑같이 찍어놓은 듯한 최고 스펙 면접자들이 지루해서였을까. 절박하게 기회를 달라는 한 청년에게서 과거의 자신을 발견한 걸까. 아니, 무슨 일이든 컨트롤할 수 있다고 믿는 자신만만함 때문이었을 것이다. 그러나 그의 자신만만한 예상과는 달리 너무나 완벽했던 최변의 인생이 이제, 조금씩 흔들리기 시작한다.

## 최강석의 이야기 속에 나타난 FA

#1

(최강석이 문을 나서니 고연우가 문 앞에 서 있다.)

고연우 : 저 진짜 변호사가 되기 전까지는 아무 생각하지 않기로 결심했습니다.

(최강석을 쳐다보고 걸어간다.)

(최강석을 뒤따라가며)

그나저나 허검사도 결국 유전자 검사에 꿈쩍하지 않았나 보네요.

(핸드폰 진동이 울린다.)

최강석 : (전화 받으며) 네, 박 변호사님. DNA 결과는 보셨어요?

네. 한선태 맞습니다.

옛날 방식이오? 그렇게 하죠. 이제 다른 방법은 없는 것 같으니까.

(알겠다는 듯이 미소 지으며) 네.

고연우 : 옛날 방식이라뇨?

최강석 : 너 사람 마음에서 가장 많은 부피를 차지하는 게 욕심이라면

가장 무거운 게 뭐라고 생각해?

고연우 : 두려움이오?

최강석 : 굿. 두려움은 의심을 낳고 의심은 곧 배신으로 이어지거든.

#2

(고연우가 마약에 휘발유를 뿌리고 라이터를 켜서 들고 있다.)

고연우 : 협박은 자기 목숨 가지고 하는 게 아니라며

최신형 나 줘. 안 그럼 여기다 불 질러 버릴 거야.

마약상 : 말귀 참 못 알아듣네.

아니지~ (칼을 꺼내 들고 최신형 목에 칼을 겨누며) 협박은 이렇게 하는거야.

최강석 : 변호사 하겠다는 놈이면 협박을 하더라도 변호사답게 해야지.

의뢰인 앞에 두고 이게 뭐냐 촌스럽게.

당신은 납치 및 감금, 공갈, 협박에 폭행 게다가 무기까지 들었으니 특수폭행이고

결정적으로 불법 마약 제조 및 판매 혐의까지

이거 다 합치면 최소 6~7년은 감옥에 있어야 할 거야.

마약상 : 아~ 참나. 이것들이 뭐하자는 거야.

최강석 : 그래 지금 한 건 협박이 아니라 법률 상담이고 협박은 지금부터야.

딱 5분 줄게. (사진을 보여주며) 우리 회사 CCTV에 찍힌 당신 얼굴이야.

조선그룹 알지? 거기 아드님이 마약 투약 혐의로 구속됐어.

내가 그 친구 변호를 맡고 있는데 지금 경찰이 진짜 원하는 게 뭘까?

수사랍시고 여기저기 눈치만 봐야 하는 돈 많은 집 뻔한 중독자 아드님일까?

아니면 그 인간에게 약을 제공한 어마무시한 불법 마약 제조 판매처일까?

마약상 : (비열하게 웃는다) 으하하하하하하. 너 이 자식 내가 아직 누군지 모르나 본데.

최강석 : (고연우에게 고갯짓하며 말하라는 신호를 보낸다.)

고연우 : 이름 조대진 1977년 경남 합천 출생. 불법 마약제조 판매에 폭행까지 도합 12범.

밀가루 장사 그 정도 했으면 반변호사 됐을 거고,

이번에 들어가면 6~7년이 아니라 최고 무기까지 떨어질 수 있는 거... 알겠네.

마약상 : (한숨을 쉬며) 하... 좋아. 협박이 아니고 협상 정도로 받아들일 테니까

얘 데리고 당장 가라.

최강석 : 협상? 3분 남았는데 협박과 협상의 차이도 이해 못 했네.

정말 그냥 가도 될까?

마약상 : 썰 그만 풀고 그냥 가라고!!

최강석 : 아니 그냥은 못 가지.

중요한 게 남았잖아. (라이터를 켜서 고연우에게 넘겨준다.)

고연우 : (라이터를 건네받고 마약에다 던진다.)

최강석 : 명색이 변호사라는 사람이 범죄현장을 목격했는데 그냥 갈 순 없잖아.

마약상 : 야! 이 새끼야! 너 죽으려고 환장했어?

이게 얼마짜린데! 이씨!

최강석 : 여기 3000만 원.

마약상 : 뭐야?

최강석 : 뭐긴? 내 변호사 수임료.

내가 세상에서 제일 싫어하는 게 무료변론이거든.

(계약서를 보여주며) 여기 써 있잖아. 수임료 착수금 3000이라고.

최강석 : 나 변호사로 선임해. 그래야 내가 너한테 불리한 진술 안 할 거 아니야?

마약상 : 너 이 새끼. 그래 너 오늘 그냥은 못 간다. 이씨!

(칼을 들고 최강석에게 달려든다.)

최강석 : (마약상이 칼을 든 손을 꺾으며 단숨에 제압)

죄지은 놈은 말이야. 아무리 빨리 달려도 자기 죄를 앞질러 도망치지 못해.

두 손에 죄를 움켜쥐고 달리는데 애초에 따라잡을 수도 없지.

이제 1분 남았다. 니들 이러고 노닥거릴 시간에 강남서 마약 수사대 형사들이 오고 있어. 어떡할래?

(경찰 사이렌 소리가 들려온다) 이제 이해했어?

지금부터 변호사로서 첫 번째 조언을 해줄게.

(계약서를 툭툭 치며) 사인해. 그래야 감옥 안 간다.

### 5) KBS 드라마 '프로듀사' - 변미숙 역

변엔터 대표. "어머니. 물 들어올 때 노 저으세요. 신디 저렇게 예쁜 거, 몇 년이나 남았을 것 같으세요." 엔터계의 마녀. 신디네 회사인 변엔터 대표. 누구 하나 '물건'이다 싶은 아이가 변 대표 눈

에 들어왔을 때 수단 방법 가리지 않고 절대 놓치지 않는다. 국장이나 본부장과 접촉할 때도 자기가 '을'이란 생각을 절대 안 한다. 독종에 상종하기 싫은 여자인 건 분명하지만 적으로 돌리면 큰일 날 것 같은 포스가 있다. 신디가 계약이 만료되면 자기를 벗어나려고 몰래 계획하고 있다는 걸 알면서도 절대 내색하지 않는다. 스물에 여배우 코디 보조로 이 바닥에 들어와 정말 별별 꼴 다 겪으며 이 자리까지 왔고 그토록 이루고 싶었던 걸 이뤘으니 행복해야 하는데. 왜 계속 갈증만 나는지 모르겠다. 그 갈증을 식히려고 계속 돌진한다.

### 6) KBS 드라마 '라디오로맨스' - 남주하 역

왕년엔 모델, 지금은 대한민국에서 가장 잘나가는 JH엔터테인먼트 대표. 성공한 사업가. 아직도 모델시절, 8등신 몸매를 가지고 있다. 여대생이 닮고 싶은 여성 1위. 브랜드 가치 1위. 봉사활동, 온갖 홍보대사로 모두의 선망을 받지만, 실상은 쇼핑중독이다.

### 남주하의 이야기 속에 나타난 FA

#1

(남주하 생일날 선물공세하는 남편과 아들)

지수호 : 축하드려요 어머니.

지윤석 : 축하해요 여보.

남주하 : 고마워요~(카메라 의식하며 애교 섞인 목소리로)

지윤석 : 해피벌스데이 마이 달링 당신 장미 좋아했잖아.

지수호 : 분홍색 수국이죠. 우리 어머니가 가장 좋아하는 꽃은.

남주하 : 와아~(하며 화사하게 웃는다.)

지윤석 : 지금 원피스엔 이 스카프가 좋겠어.

남주하 : 와아~(하며 화사하게 웃는다.)

지수호 : 작고 반짝이는 게 최고예요.

남주하 : 와아~(하며 화사하게 웃는다.)

지윤석 : 그래서 나도 준비했지.

남주하 : 와아~(하며 화사하게 웃는다.)

지수호 : 우리 어머니가 가장 좋아하는 건 구두인데요. 지구 반바퀴를 돌아온...

남주하 : 어머!

자신들을 향해 터지는 플래시가 사라지고 생일쇼가 끝나자마자

싸늘한 표정으로 일상으로 돌아가는 남주하 대표!

(작가들의 수다 중)

내 친구의 어쩌고저쩌고... 누구의 누구가 기자거든.

그래서 내가 들었는데. 지수호 패밀리 다 쇼래...

영국에 베컴 패밀리가 있다면 한국에는 수호 패밀리가 있대.

"명품을 쫓지 말고 자신을 명품으로 만드세요!"(초청 특강 중)

여대생이 뽑은 닮고 싶은 워너비 남주하!

입만 열면 대한민국 수천만 남편들을 괴롭게 만들어서 부부싸움을 일으키는 공식 애처가!
그 아들은 톱배우야.
근데 그게 다 쇼라는 거지.

아직 멀었어? 하면서 아들이 준 구두를 바닥에 던져버리고 다른 구두들을 감상한다.
남주하는 명품중독!
샴페인 좋은 걸로 올려주라고 해.(남편이 여배우와 호텔에 올라간 것을 알고 태연하게 하는 말)

(라디오를 하겠다는 지수호와 가족다큐멘터리 영화촬영을 설득하는 대화)

남주하 : 라디오라니 진짜? 후회 없겠어?
지수호 : 후회할 수도 있겠죠.
남주하 : 한 번 해봐. 하고 싶은 건 해봐야지.
그리고 이제부턴 비즈니스 얘기인데 내가 너의 선택을 존중해 줬으니까
너도 나의 선택을 존중해 줬으면 좋겠어.
비즈니스에선 기브앤 테이크가 기본이니까.
지수호 : 굳이 꼭 그 영화를 찍어야 되겠습니까?
남주하 : 근데 그건 알지? 네가 선택한 일엔 언제나 그만한 책임이 따른다는 거...
그리고 니가 선택한 일엔 수많은 사람들의 인생이 달렸다는 거!

이후 수단과 방법을 가리지 않고 지수호를 자신의 목표와 목적대로 하려고 한다.

### FH상사와 조직 간의 소통 : 언제나 돕기만 하는 우리 부장님

FH는 참 사람이 좋다. 어떻게 보면 사람'만' 좋다. 늘 감상적이고 타인에 대한 배려가 지나치게 깊다. 그래서 FH와 함께하는 사람은 참으로 편하다. 그/녀가 먼저 다 해결해 주기 때문이다. 나쁘게 마음먹는 사람들은 FH를 이용하려 들기도 한다. 그래서 사기를 자주 당한다. 사기 당하는 것을 알면서도 상대를 생각해서 모른 척할 때도 있다. 이런 FH가 조직의 관리자로 있으면 조직에 득과 실이 함께한다. 먼저 어머니처럼 다 보살펴주기 때문에 조직에 대한 긍정적인 이미지를 가질 수 있고 편안한 조직 적응을 가능하게 한다. 특별히 조직 적응이 서투른 신입사원들이라면 FH가 정말 필요하다. 그러나 FH는 나쁜 소리를 잘 못한다. 그래서 그/녀의 우유부단함으로 인해 조직의 기강이 와해될 때도 있다. 조직은 어머니처럼 모든 것을 감싸주고 위로해 줄 필요가 있지만, 아버지처럼 비전을 제시하고 힘차게 달려가게 하는 사람도 있어야 한다. 그런데 이 경우에는 어머니적인 요소에 치우쳐서 조직이 지나치게 여성화될 우려도 있다.

TI에게는 참 좋은 상사이다. FH는 TI를 기다려주기 때문이다. 항상 조직 전체의 속도를 맞추어가느라 허덕이는 TI이지만, FH가 있어 조금은 안심이 된다. 언제나 기다려주는 상사이기 때문이다. 결국 FH의 기다림은 TI의 업무의 완성도로 인해 보상을 받는다. 그래서 둘 사이는 궁합(?)이 좋다고 봐야 한다. 기다려주어야 하는 사람과 기다릴 수 있는 사람이 만났으니 말이다. 하지만 TI의 약점이 표현을 잘 못하는 것인데

이는 FH의 심기를 건드릴 수도 있다. 남에게 헌신적인 FH이지만 그래도 고맙다는 말을 반드시 들어야 마음이 편해지는 사람이기 때문이다. 그러므로 TI는 자신을 향한 FH의 배려에 대한 최소한의 감사를 아껴서는 안 된다. 문제는 TI가 이를 무척이나 아끼는(?) 사람이란 것이다. 이것만 조심하면 둘 사이는 좋은 관계를 유지할 수 있다. 반대로 TI의 입장에서 볼 때 FH가 지나치게 감성적인 부분에 치우쳐 보일 수도 있다. 그리고 일을 주먹구구로 행하려는 것처럼 보일 수 있다. 일면으로는 맞는 판단이기도 하다. FH 입장에서 부하직원인 TI 앞에 이런 약점을 보이지 않는 것도 좋은 방법이라고 생각된다. 또한 소통이라는 측면에서만 보면, 잘 안 되는 부분이 조금은 있을 수 있다. 이해와 감성을 추구하는 두 사람의 에너지가 너무 다르기 때문이다. FH의 측에서 보면 TI가 아주 사소해 보이는 일에도 너무 많은 자료를 원하는 것 같고 TI의 측에서 보면 FH가 너무 감성적이고 일을 쉽게 처리하는 것처럼 보인다. 서로 간의 소통은 이런 점을 보완하면서 할 필요가 있다. 즉 FH는 조금 더 분명한 소통과 일처리가 필요하고 TI는 조금 욕심을 버리고 적당한 선에서 이해하고 소통하려 해야 한다는 것이다.

FH와 TL은 그야말로 사랑방 분위기의 완성이라고 할 수 있다. 늘 남을 위해 배려하려는 FH와 조직에 충성하려는 TL이 만났기 때문이다. 다만 이 조합의 문제는 조직의 진취적인 발전이 어렵다는 것에 있다. FH에게는 언제나 조직보다는 사람이다. 그야말로 "사람이 먼저다!" 그런데 TL은 조직을 향한 충성도는 높지만 변화를 싫어한다. 그러므로

FH가 TL을 위해서 변화를 지양할 가능성이 크기 때문이다. 이 부분만 주의한다면 조직 안에서 늘 좋은 분위기가 형성될 수 있다고 하겠다. 역시 FH가 리더이므로 TL에게 목표를 제시해 주고 TL이 너무 힘들어 하지 않는 선에서 앞으로 나아갈 수 있도록 해주어야 한다. 조직을 위해서 말이다. FH가 이렇게 되려면, 자신의 마음을 먼저 잘 트레이닝해서 조직의 리더로서의 역할에도 충실하려고 노력해야 한다. 소통이라는 입장에서 보면 서로 하고 싶은 말을 아낄 수가 있다. FH는 상대를 배려하면서 상대가 이야기하기를 기다리고, TL은 부하직원이 먼저 이야기하는 것은 예의가 아니라고 생각하며 참는다. 하지만 이전에도 이야기한 것처럼 말하지 않으면 모른다. 그러므로 자신의 성향상 말을 아끼면 소통이 점점 단절되고 서로 간에 멀어질 수 있음을 알아야 한다. FH는 리더이기 때문에 먼저 이야기해 줄 필요가 있으며 TL은 말하지 않는 것이 조직에 충성하는 길이 아니라는 사실을 주지할 필요가 있다.

FH와 TE 사이에도 큰 문제는 발생하지 않는다. 배려를 미덕으로 여기는 FH 때문이다. 하지만 FH의 지나친 배려는 TE의 활동성에 한계를 정해 주지 못할 수도 있다. 그래서 TE가 도가 넘치는 시도와 도전을 행해서 조직에 불안을 야기할 수도 있다. TE는 항상 적당한 통제가 필요한 사람이기 때문이다. 그러므로 FH와 TE의 조합에서는 FH의 성향에 맞지 않지만 조직의 안정성을 위해서 TE에게 적당한 한계를 지어줄 필요가 있다. 그렇게만 된다면 TE의 놀라운 도전이 열매를 훨씬 더 잘 맺을 수도 있을 것이다. 소통에서는 다른 'T그룹'들과 마찬가지의 문제가 있긴 하다. FH의 이야기가 애매하고 지나치게 감성적이어서 TE에게 적절한 흥미를 제공하지 못할 수도 있으며, TE의 웃음 섞인 이야기 속에서 FH가 그의 진심을 간과할 수도 있다. 그러므로 FH는 좀 더 명료하게 자신의 의사를 전달하려 노력할 필요가 있고, TE는 진지한 이야기를 농담에 섞어서 하는 태도를 버려야 할 필요가 있다.

조직 안에서의 관계가 아니라, 일반적인 관계에서 FH와 FI가 만났다면 참 볼 만할 것이다. '3류 심파극(?)'이 연출되기 때문이다. 늘 좌충우돌 럭비공처럼 자신의 독특함을 마음껏 풍겨내는 FI와 그/녀의 뒤를 따라다니면서 FI가 저질러 놓은 일을 일일이 뒤처리하는 FH가 있기 때문이다. 그래도 FI는 고마운 줄 모른다. 나를 사랑하는 FH가 당연히 해야 하는 일쯤으로 여긴다. FH의 눈에 눈물이 마르지 않는다. 조직 안에서는 다를까? 양상은 비슷하다고 하겠다. FI는 여전히 자신의 끼(?)를 조직 안에서 발휘한다. 놀라운 창의성이 드러날 때도 있고 뛰어난 통찰로 조직에 큰 공헌을 할 때도 있다. 그러나 도가 지나치다. 이럴 때 리더가 조직 안에서 허용과 한계를 잘 설정해 주어야 한다. 그러나 FH가 약한 부분이다. 그래서 조직 안에 FI의 독특성으로 인해 문제가 생기면 FH가 다 감싸 안으려 한다. 하지만 FH가 분명히 기억해야 할 것은 그가 감싸 안고자 하는 FI로 인해서 또 넘어지는 누군가가 있을 수 있다는 사실이다. 이런 복잡한 일이 생기기 전에 미리 방지해야 한다. 그러므로 FI에게 허용과 한계의 분명한 선을 제시해 주어야 한다. 물론 FI

가 잘 듣지 않을 것이다. 그러나 이야기하는 것과 하지 않는 것은 조직의 질서에서는 무척이나 중요하다. 최소한 한 사람을 위한 지나친 배려가 조직의 조화를 무너뜨리는 일은 방지할 수 있다. 소통은 일방적일 수 있다. FI가 자신의 이야기를 늘 떠벌릴 수 있다. FH는 다 듣고 있다. FI에게는 매우 좋은 상사가 되겠지만 이는 소통이 아니다. 오히려 조직의 소통을 막는 결과를 초래할 수도 있다. FI의 일방통행이 조직소통의 의지를 무너뜨릴 수 있기 때문이다. 소통에서도 '허용과 한계'를 분명히 할 필요가 있다. 최소한 FI와 소통할 때는 그렇다. 만일 이 FH가 이 소통에 성공할 수만 있다면 이 소통을 통해서 조직을 위한 FI의 능력의 열매를 맛볼 수 있을 것이다.

FH를 잘 알고, FH를 이용하려고 하는 사람들이 있다고 했다. 아마 대표적인 사람이 바로 FA일 것이다. FA는 성공하려는 욕망이 큰 사람이다. 그래서 조직의 관리자에게 매우 집중한다. 그리고 그를 통해서 성공의 발판을 세워가려고 몸부림친다. 그런데 자세히 보니 조직의 리더인 FH가 너무 무르다. FA의 눈빛이 번쩍거린다. 어쩌면 더 쉽게 성공할 수 있을 것 같은 예감이 드는 것이다. 그래서 FH를 철저하게 이용하려고 한다. 필요할 때는 FH를 밟고 일어설 용의가 충분히 있다. 자신의 생각에 FH를 충분히 요리하고 있다고 생각한다면 FA는 조직의 질서나 상황을 무시하려고 할 것이다. 오직 자신을 위한 초점을 세우려 한다. 사람은 밀어주어야 하는 사람이 있고 당겨주어야 하는 사람도 있다. FH는 조직의 리더로 세워졌으니 이를 분명히 인식해야 한다. 소극적이고 주춤대는 조직원들은 힘을 내도록 밀어주어야 한다. 그러나 통제가 필요하고 어느 정도의 제제가 필요한 조직원들은 당겨줄 필요도 있다. FA가 후자에 속한다. 리더로서의 FH는 그래서 참으로 힘든 일이 많다. 자신의 기본적인 성향과 조직의 리더라는 직책은 서로 상반된 부분이 많기 때문이다. 소통에서 FH와 FA는 별 무리가 없다. 서로 잘 통한다. 감성적인 부분이 일치하기 때문이다. 그러나 FH가 다소 이타적인 반면, FA는 다소 이기적인 부분이 있기 때문에 소통에서도 이런 부분들이 드러날 가능성이 크다. FH는 소통하더라도 자신을 더 자세히 살펴야 한다. 그리고 FA는 반대로 타인의 소통의 내용을 더 자세히 살펴볼 필요가 있다.

FH와 FH가 만나면 오히려 일이 안 된다. 서로를 지나치게 배려하다 보니, 전체적 일의 진척이 너무 더디게 된다. 어느 한쪽이라도 앞장서서 나아가야 하는데 두 사람 다 뒤에서 밀어주려고 하다 보니 서로 눈치를 보고 머뭇거리게 된다. 이럴 때는 리더인 FH가 기준을 제시해 주어야 한다. 부하직원인 FH가 어떤 부분을 더 잘 해야 하는지를 알려주면, 부하직원인 FH는 생명을 걸고(?) 이를 지키려 한다. 리더인 FH가 이때 가만히 기다려야 하는데 천성을 버리지 못하고 함께 나설 때가 있다. 이러면 또다시 조직이 멈추기 시작할 것이다. 이 경우 리더인 FH가 지시하고 방향을 설정해 주는 것이야말로 조직원인 FH를 가장 크게 돕는 일이라는 것을 알아야 한다. 부하직원 FH를 돕고 싶다면 더 많이 지시하고 더 많은 목표를 제공해 주어라. 그 지시와 목표를 위해서가 아니라 상사인 FH를 도울 수 있는 일이라 생각하고 열심을 다할 것이다. 이들에게 소통은 더 중요하다. 서로 들으려고만 하고 말하려 하지는 않을 것이기 때문이다. 말하게 해야 한다. 그러려면 '말하는 마이크(?)'를 돌려서 시간을 정해놓고 '정해진 시간'에는 이야기할 수 있게 해서라도 이야기하게 해야 한다. 소통이 조직의 힘이기 때문이다.

FH와 AC가 함께 있으면 누가 리더인지 모르겠다. FH는 항상 뒷짐을 지고 있는 것 같고 AC가 오히려 앞에서 큰 소리를 치고 있기 때문이다. 타인을 돕고 뒷처리해 주는 것을 기쁨으로 여기는 FH이지만 이 경우는 그렇게 뒷맛이 좋지 못하다. AC의 도가 역시 지나치기 때문이다. 그러고 보니 FH 앞에서 도가 지나치게 행동하는 사람들이 꽤 있는 것 같다. FI, FA, AC,… FH가 그런 성격이기 때문이다. 하지만 이것은 좋지 못하다. 특히 AC가 앞에 서기 시작하면 일은 잘 진행될 수 있겠지만 조직의 마음이 많이 다치게 된다. 특히 리더가 아닌 AC가 자신의 위치를 망각하고 행동하게 되면 조직의 융합이 여지없이 무너지는 결과를 초래하게 된다. FH에게 잘 해주지 말라고 이야기해도 안 될 것이다. 타고난 성격이기 때문이다. 그러나 잘 해주는 것과 도와주는 것이 항상 상대를 발전시키는 그리고 상대에게 도움이 되는 결과를 낳는다는 생각은 버려야 한다. 모든 것은 상황과 상대에 따라 달라진다. 더군다나 조직 안에서 조직의 질서와 균형을 세워가야 하는 조직의 리더로서는 더 중요한 명제이다. 소통에서는 FH 자신의 이야기를 전달하는 것에 더욱 집중해야 한다. AC는 불편함 없이 자신의 이야기를 쏟아놓을 것이기 때문이다. 또한 AC는 FH가 하는 이야기를 귀담아 듣지 않을 가능성도 있다. 그러므로 이 두 사람의 소통에서는 특히 FH가 분명히 이야기하고 이를 받아들였는지에 대해서 확인할 필요가 있다.

FH와 AP는 이미 앞에서 이야기한 대로 나쁘지 않은 조합이다. 뒤에서 남을 도와주는 것을 천직(?)으로 여기는 FH와 동분서주 조직의 평화 지키기를 즐겨하는 마을 이장님(?)이 만났다. 조직에 모든 문제가 평안해지기 시작한다. 앞에서 AP가 돕고 뒤에서 FH가 버티고 있으니 말이다. 하지만 이 조합의 가장 큰 단점이 있다. 목표를 제시하는 사람이 없다는 것이다. FH는 목표를 제시하는 것 자체가 즐겁지 않다. 목표보다는 사람 돕는 것이 더 재미있고 신이 난다. AP는 FH보다 낫지만, 그래도 스스로가 어떤 조직의 목표를 제시하고 이끌어가는 것은 별로 좋아하지 않는다. 더군다나 리더인 FH가 버젓이 있는데 나선다는 것은 AP에게는 상상할 수 없는 일이다. '분위기 좋은' 배가, 하지만 산으로 가는 격이 된다. FH가 보다 더 정신을 차려야 한다. 리더로서 조직의 목표를 세우고, 뒤보다는 앞에서 조직을 지휘해야 한다. 이것이 정 불편하면, 목표를 제시하고 이 목표를 AP가 달성할 수 있도록 위임하는 것도 한 방법이다. 왜냐하면 AP가 목표를 부여받았을 때, 지시한 상사를 생각하면서 최선을 다해서 달성하려고 노력하기 때문이다. 다만 리더의 스트레스 몫까지 감당해야 하는 아픔이 그/녀에게 있다. 이 부분은 FH가 책임질 필요가 있다. 이런 일은 또 FH가 잘 한다. 위로하고 힘을 주고 쌓인 스트레스를 해소할 수 있도록 하는 것 말이다. 그중에서 FH가 가장 신경 써야 하는 것은 바로 AP가 자신의 이야기(의견)를 할 수 있도록 하는 것이다. 일명 '풍선 바람 빼기'이다.

FH와 AR. 워낙 FH가 사람을 잘 돌보는 편이라 날카로운 AR도 FH 앞에서는 부드러운 사람이 된다. 물론 FH도 AR에게는 마음에 들지 않는 부분이 많지만, 그/녀의 품어주고 도와주는 마음을 잘 알기에 다른 사람들에게처럼 막 해댈 수 없다. 그렇기 때문에 더욱 FH가 AR에게 주의와 중재를 해주는 것도 좋을 것 같다. AR이 받아들일 수 있는 몇 안 되는 사람일 수 있기 때문이다. AR이 조직의 분위기를 와해하기 전에 FH에게 먼저 그 이야기를 풀어놓고, 해도 좋을 이야기와 하지 말아야 할 이야기를 정리하고 나간다면 오히려 AR을 통해서 조직이 더 건강해질 수도 있을 것이다. 이 과정 가운데서 FH와 AR의 개인적인 소통도 이루어질 수 있어 '일석이조(一石二鳥)'가 된다.

FH를 상징하는 인물은 누구일까? 드라마에서 찾아보자.

### 1) KBS 드라마 '달자의 봄' - 오달자 역

그녀는 회의시간이면 사무실 동료들의 기호를 기억해 두었다가 음료수를 챙기는 세심한 배려를 보인다.

## 오달자의 이야기 속에 나타난 FH

#1

달자 : (사람들 앞에 음료수병을 하나씩 내려놓으며) 남 부장님 토마토주스, 이 실장님 오렌지주스, 김 차장님 당근주스, 호준 씨는 마일드 커피.

남후배 : 감사합니다.

달자 : 영희 씨는 녹차 맞지?

여후배 : 네, 잘 마실게요. 선배님!

달자 : 그리고 위선주 씨는...

위선주 : 난 인스턴트 음료는 딱 질색인데.

달자 : 그래서 생수로 사왔어요. 신PD님은 카푸치노 맛, 맞죠?

부장 : 대단해 오달자 씨. 이 많은 사람들 기호를 어떻게 일일이 다 기억하나?

동료 : 그게 다 노하우고 커리어 아닙니까?

달자 : 뭐... 그렇죠, (웃으며) 좋아, 좋아, 분위기 좋고.

남후배 : 워낙에 꼼꼼하시잖아요.
기획서 만들 때도 오 대리님이 안 봐주시면 불안하다니까요.

달자 : 에이 왜 이래~

여후배 : 진짜 오 선배님 최고예요. 존경해요, 멋있어요!

달자 : 왜들 이래, 부끄럽게. 그냥 하던 대로 하는 것뿐인데 새삼... 티슈 줄까?

이처럼 오달자는 평소 주변 사람들을 일일이 꼼꼼하게 챙기는 성격이다. 음료수뿐만 아니라 후배의 업무를 잘 도와주기도 한다. 또 그녀는 감정을 숨길 줄 모르는 성격이라 칭찬을 들으면 좋아서 어쩔 줄 몰라 하는 모습을 여과 없이 보이기도 한다.

(어느 달동네, 커다란 박스를 들고 낑낑거리며 달자가 집을 찾는다.)

달자 : 아, 어머님! 안녕하세요! 한다홈쇼핑에서 나왔습니다! 어머님, 많이 기다리셨죠? 여기, 주문하신 가습기 가져왔습니다.

(달동네 반지하의 방 안에는 40대의 남자 정신지체 아들과 70대의 늙은 노모가 나란히 앉아 가습기를 들여다본다.)

달자 : 아드님이 어머님 틀어드리고 싶다고 주문한 거예요. 자, 보세요. 저기 텔레비전에 나오는 거랑 똑같죠? 지난주에 주문하신 건데 너무 늦게 가져와서 죄송합니다. 자동주문전화로 계좌이체를 못하신다고 걱정하셔서 제가 직접 가지고 왔습니다. 지금부터 제가 사용법이랑 다 알려드릴게요.

(집으로 돌아가는 길, 남자친구 태봉에게)

달자 : 오늘 가습기를 갖다드린 저 모자분이 계속 고맙다 고맙다 그 말을 백 번도 넘게 계속 해주는데... 뭐랄까... 내가 갑자기 소중해진 느낌이 들더라? 내가 왜 이 일을 하려고 했었는지 갑자기 기억나는 거야. 맞아, 나는 이런 보람을 느끼려고 이 일이 하고 싶었던 거지 하고... 언제부턴가 나는... 그저 살아남기 위해 발버둥치고 있었던 것 같아. 어떻게든 회사에서 안 짤려볼라구, 어떻게든 강 팀장한테 안 져볼라구, 오기로 일을 하고 있었던 거야. 내가 왜 이 일을 시작했는지는 까맣게 잊어버린 채... 그러니까 내 스스로가 나를 하찮게 만들고 있었던 거지, 바보같이. 이제야 기억났어. 내가 얼마나 소중한 가치가 있고, 소중한 일을 할 수 있는 사람인지... 그래서 지금 기분이 아주 째져.

### 2) tvN 드라마 '내성적인 보스' - 당유희 역

사일런트 몬스터의 엄마 역할을 맡고 있는 열혈 워킹맘 과장님! "좋은 아침! 우리 아기들 아침은 하고 왔쪄요?" 출근은 제일 늦고 퇴근은

누구보다 신속하다. 조퇴와 반차의 생활화. 차라리 칼퇴근해 주는 날은 고마울 지경. 인간성만큼은 푸근해 동료들과 원만한 관계를 유지한다. 느지막이 출근하는 그녀의 손에는 늘 푸짐한 빵봉지가 들려 있다. 먼저 출근한 동료들에게 빵 하나씩 입에 물려주고 어깨도 주물러주며 연애상담도 해주고 은밀히 뒷담화도 주고받으면서 회사 내에서 '엄마' 같은 존재로 자리매김해 왔다. 어느 날 동료들에 대한 미안함과 고마움, 그래도 살아보겠다는 의지가 담긴 가련한 빵셔틀을 거부하는 이가 나타났으니, 다름 아닌 환기였다.

### 당유희의 이야기 속에 나타난 FH

#1

강우일 : 취미는 지각. 특기는 빵셔틀.

정대리 : 아! 과장님 안 계셔서 고객센터 제가 대신 욕받이 했잖아요!

당유희 : (무릎 꿇고 프로포즈하듯 빵을 주며) 사랑합니다 정대리~

직장에서도 엄마행세하면서 일보다는 정에 의지하는 무임승차자.

은환기 : 사내에서 유희 콜센터로 통하지.
누구든 사랑으로 받아주고 챙겨준다고.
직원들의 연예, 결혼생활, 집안 대소사를 꿰고 있는데 심지어...

당유희 : 아 맞다! 이거 먹지 마! 이번 주 정대리 전남친 결혼식이지?
지금 이쁜데 조금만 더 빼! 쫙 빼입고 가!

### AC상사와 조직 간의 소통 : AC부장이 있는 조직, 발전과 와해 사이

AC는 매우 역동적인 사람이다. 때로는 너무 역동적이어서 문제다. 자신의 역동성과 에너지를 따라오지 못하는 조직원들에게는 가차없는 질책과 압박을 가한다. 그래서 조직 안에는 늘 '두려움'이 존재한다. 일반적으로 말하는 '상사에게 깨지는 일'이 자주 발생하는 것이다. 이 조직은 그래서 상하관계와 갑을관계가 일상적이다. 창의성보다는 AC의 의도에 집중하고 조직원들이 늘 AC의 눈치를 살핀다. AC는 이런 분위기를 즐긴다. 자신이 그 누구도 대적할 수 없는 '대장'이라는 사실에 안도감을 느끼며 이를 유지하려고 더 강한 자신을 드러낸다. 사실 이를 통해 조직을 덮고 있는 '두려움'은 바로 AC 자신의 것이다. 누군가에게 지배받을 것 같은 두려움은 먼저 지배를 하려 하게 되고, 그 시도는 함께하는 사람들을 매우 힘들게 만드는 것이다.

이런 분위기 속에서 TI는 눈엣가시와 같은 존재이다. 일단 속도가 너무 차이가 난다. AC는 그의 입에서 명령(?)이 떨어지면 모두가 움직이기를 바란다. 아무런 의미 없는 움직임이라도 좋다. 그의 명령이 유효하다는 것이 더 중요한 것이다. 그러나 TI에게 의미 없는 움직임이란 존재하지 않는다. 충분히 이해되고 납득되고 준비되어야 움직이는 TI이기 때문이다. 이런 그의 모습이 AC에게는 불복종(?)처럼 보인다. 그래서 아주 원초적이고 직접적인 압박을 TI에게 자행한다. 늘 AC 앞에 TI는 일방적인 피해자의 모습이다. 그리고 TI가 계속해서 고개를 갸웃대고 생각하는 모습을 AC는 싫어한다. TI는 지시나 상황에 대한 이해의 시도인데 AC는 자신의 권위에 대한 도전으로 받아들인다. 차분하고 조용한 TI가 AC로부터 매우 힘든 가해(?)를 당하는 것은 이것 때문이다. AC는 부하직원 중에 TI가 있다면 조금 더 TI의 성향을 이해할 필요가 있다. 그의 태도는 AC를 무시하거나 불복종하려는 시도가 아니다. 그 자신의 고유의 태도이며 이해에 대한 노력이라는 사실을 알 필요가 있다. 그리고 TI는 다른 조직원들보다는 조금 더 많은 시간이 필요한 사람이고, 그가 움직이기 위해서는 '큰 소리'가 아니라 '많은 정보와 이해'가 필요하다는 사실을 알아야 한다. 소통에서는 AC가 TI를 받아들이기가 쉽지 않다. 자신이 볼 때는 늘 나를 무시하는 것처럼 느껴지기 때문이다. 그러나 TI는 타인을 무시할 만큼 담대(?)하지 않다. 그 스스로 이해와 결정의 시간을 가지는 것일 뿐이다. 그러므로 AC와 TI의 소통을 위해서는 조금의 여유로운 시간을 가지고 TI가 소통의 내용을 이해할 수 있도록 기다려줄 필요가 있다. 또한 TI의 입장에서는 AC와의 관계에서 한 발자국만 더 서두를 필요가 있다. AC는 뛰면서 생각하는 사람이므로 TI는 생각을 마치고 뛰기보다는 그래도 천천히 걸으면서 생각하는 자세를 가질 필요가 있다.

AC가 사람을 바라보는 기준은 두 가지이다. 내 사람과 적이다. 내 명령에 즉각적으로 움직이고 나의 뒤를 열심히 쫓아오는 사람들은 '내 사람'이다. 이들에게는 AC의 리더다움과 의리가 발휘된다. 조직원의 작은 실수 심지어 큰 실수도 괜찮다. 내 사람이기 때문이다. 그러나 주춤대거나 어떤 의견을 제시하려는 사람은 '적'이다. 이들의 의견이 옳다 해도 AC는 일단 바로 듣지 않는다. 무시하거나 공격해 버린다. AC에게 합리적인 결정 이전에 조직의 화합과 발전이 우선이다. 그 조직의 화합은 사실 AC의 의견을 따르는 것에 더 가깝다. 이런 분명한 기준은 AC 자신에게도 두 가지 평가를 존재하게 한다. '통 큰 사람'과 '미친 ××'이다. TL은 이런 의미에서 AC에게는 '내 사람'이다. 왜냐하면 TL은 본능적으로 '안정적인 길'을 이해하고 이를 택하기 때문이다. TL은 AC가 불합리한 점이 많다는 것을 안다. 그러나 그를 따르는 것이 자신에게 더 '안전'하다는 것을 아는 그는, 그 안전을 위해서 최선을 다해 노력한다. 결국 AC의 경계선 안에서 거하려 한다. AC는 TL의 이런 모습을 자신의 권위에 대한 순종으로 본다. 하지만 상호 간의 소통은 어렵다. AC에게는 이해되지 않고 불합리한 많은 요소가 있음을 TL은 잘 안다. 그래서 TL은 AC를 이해하려 하기보다는 그냥 덮는 편이다. 서로 간에 별다른 문제가 발생하지 않지만, 사실 그 관계 중심에는 진솔함이 없다. 리더인 AC는 TL에게 먼저는 안정감을 보여주어야 한다. 즉 기다리는 모습을 보여주는 것이다. 그리고 TL이 AC의 마음과 이야기를 진정으로 이해할 수 있도록 시간을 주고 정확한 정보도 제공해 주어야 한다. '내 사람' TL에게 이 정도는 충분히 할 수 있는 아량이 AC에게 있다. TL의 입장에서는 너무 '순종하고 안정적인 것'에만 집중하지 말고, AC의 진짜 이야기가 무엇인지를 차분히 들을 필요가 있다. 쉽지는 않겠지만 자세히 들여다보면 AC에게도 진솔한 면이 발견되기 때문이다.

TE를 볼 때마다 AC는 화가 치민다. 이상하게 기분이 나쁘다. 자신을 우습게 보고 있다는 것이 눈에 다 보인다. 그런데도 TE를 직접적으로 제재하기는 어렵다. 상황을 아주 지적으로 잘 빠져나가기 때문이다. 그리고 그의 미소가 AC를 더 큰 소리치지 못하게 막는다. 하지만 기분이 깔끔하지 못하다. 왠지 무시당한 느낌이기 때문이다. 반대로 이야기하면 TE가 AC를 매우 잘 다룬다는 것이다. 지적인 면에서 AC가 TE를 이겨내지 못한다. 그래서 AC는 기회만 엿본다. TE를 박살낼 수 있는 기회 말이다. 기다리면 기회는 반드시 찾아온다. 모든 일처리에 능숙한 TE가 갑자기 업무에 흥미를 나타내지 못할 때가 있기 때문이다. 그러면 모든 진행이 멈추어버리는 것이 바로 TE의 약점이다. 이 기회를 AC는 놓치지 않고 달려들지만, 결국 TE에게 져버린다. 이런 AC의 도전이 TE에게는 새로운 자극과 흥미가 될 수 있기 때문이다. 그래서 늘 '생쥐 제리에게 당하는 고양이 톰(디즈니 애니메이션)'처럼 AC와 TE의 관계는 진행된다. 소통도 이런 면에서 쉽지는 않다. 이해와 동적 에너지가 함께 접촉점을 찾는 것은 그리 쉽지 않기 때문이다. 역시 AC가 조금 더 지혜로워야 한다. TE는 조직에 분명히 에너지를 제공해 주는 사람이다. 그의 위트는 조직의 분위기에, 그의 놀라운 아이디어는 조직의 발전에 큰 도움이 된다. 그러므로 AC는 적극적으로 TE를 내 경계 안으로 넣고 '내 사람'에게 쏟는 관심과 사랑을 보인다면 TE와의 소통이 시작될 수도 있을 것이다. 역시 '머리형'의 사람과의 소통은 기다림의 배려와 여유로운 시간이 필요한 것 같다. 이것이 AC에게는 가장 큰 약점이고 또한 조직소통의 과제이다.

AC와 FI, 전쟁의 시작이다. FI는 매우 통찰력 있고 창의적인 아이디어로 조직 자체의 분위기를 바꿀 수 있는 인물이다. 그러나 감정의 기복이 심하고, 자신의 능력을 인정받지 못한다고 생각하면 수면 아래로 깊이 잠적한다. 그리고 누구의 지시를 일방적으로 받는 것에 대한 태생적인 거부감을 가지고 있다. 그래서 항상 권위에 도전적이다. 이 모든 것이 AC와는 전쟁을 선포하는 행위나 마찬가지이다. AC는 자신 앞에서 감정을 드러내는 것은 자신의 권위에 대한 도전이라고 인식한다. 더군다나 드러내놓고 권위를 무시하는 행동을 하는 FI를 참을 수가 없다. 그래서 AC는 노골적으로 FI를 공격한다. 그 공격에 FI는 정면으로 저항한다. 이 둘의 전쟁이 시작되면 조직의 분위기는 말이 아니다. 마치 사자와 독수리가 서로 목숨 걸고 싸우는 곳에서 생쥐가 도망가지도 못하고 지켜보는 심정이 된다. 위치의 힘으로 인해 AC가 이 싸움에서 표면적으로 승리한다. 그러나 FI는 굴복하지 않는다. 모든 활동을 접고 수면 아래로 잠적한다. 조직 안에서의 관계와 창의성이 모두 물러간다. 지극히 수동적으로 굴면서 '수동공격'을 시도한다. 그러나 이것도 FI의 스타일은 아니다. 그는 곧 사표를 던지는 방식을 택한다. 그것도 매우 당당하게 말이다. 사태가 여기까지 가면 조직에는 두 가지 손해가 있다. 먼저 조직 분위기가 와해를 넘어서 회복하기가 매우 힘든 상황까지 치닫는다. 조직소통과 관계, 조직의 역동과 활력이 모두 일순간에 마비된다. 둘째는 FI라는 아이디어 뱅크를 하나 잃게 된다. 조직의 활력을 불어넣고 조직의 능력과 방향을 일순간에 바꿀 수 있는 능력을 가진 FI라는 인재를 잃게 되는 것이다. 그래서 AC와 FI가 만날 때에는 반드시 조직소통의 총력적인 에너지를 투입할 필요가 있다. 일단 조직 리더로서 AC가 이성을 회복해야 한다. 적어도 조직과 자신을 위해 FI의 능력을 적절히 사용하기 위해서는 달래야 한다. 여기서 '달랜다'는 것은 일단 '그의 능력을 충분히 인정해 준다'는 것을 의미한다. 사실 FI가 전력을 다한다면 충분히 인정받을 만한 가치를 드러낸다. 그리고 나서 권위와 조직의 안정을 위한 노력을 요청한다면 FI는 충분히 받아들일 수 있다. 이 과정이 사실 AC에게는 납득되지 않는 부분일 수 있지만(리더가 어떻게 고개를 숙이는가?) 고개를 숙이는 것이 아니라 '조직관리'의 차원임을 명심해야 한다. 그리고 FI의 마음을 주의 깊게 들어주고 이해하려 해주어야 한다. 이해할 수 없는 부분이 많다. 그러나 충분히 들어주는 것으로 FI는 이해받았다고 생각한다. AC 입장에서 FI의 이야기를 충분히 듣는다는 것 자체가 고역이지만(이해나 용납되지 않는 부분이 많을 것이다.), 이것이 조직과 조직의 발전을 위해서, 자신의 리더십 확립을 위해서 매우 중요한 행위라는 사실을 기억해야 한다. FI는 AC가 무능하거나 예의를 모르는 사람이 아니라는 사실을 주지할 필요가 있다. 다만 속도가 너무 앞서기 때문에 자신의 이야기를 충분히 들어주지 못하는 성향을 가지고 있다는 사실을 알고, 여러 시간에 걸쳐 자신의 이야기를 나누어서 할 필요가 있다. 그래야 AC는 FI의 전체 이야기를 다 들을 수 있다. 이렇게 서로 간의 소통이 이루어지면, AC의 리더기질이 발휘되어 FI를 보호하고 발전하게 할 수 있는 충분한 역량도 있다는 사실을 기억할 필요가 있다.

FA는 사실 어느 누구와도 잘 지내려고 노력하는 스타일이다. 자신의 성공에 도움이 된다면 누구든지 이용할 용의가 있기 때문이다. 그래서 AC에게 FA는 매우 충직한 부하직원이 된다. 앞에서 죽으라고 하면 죽는 시늉까지 하는 부하직원이기 때문이다. 그러나 FA의 충성은 매우 조건적이다. AC가 FA의 성공에 도움이 된다는 가정하에서이다. 만일 FA의 판단에 AC가 자신의 성공에 도움이 되지 않는다고 판단되면, 곧바로 돌아서게 된다. 사실 FA의 눈에 AC는 리더로서의 치밀함이 부족한 사람이다. 상사이기 때문에 따르지만, 언젠가는 그를 밟고 일어서야 한다고 생각하기도 한다. 여기까지 가기 전까지 FA는 AC에게 매우 유용한 존재이고, AC에게도 FA는 매우 쓰임새 있는 부하직원이다. 그러나 이 두 사람의 소통은 사실 원활하지 못하다. AC가 FA의 감정을 잘 이해하는 스타일이 아니기 때문이다. FA도 AC의 심기를 건드리는 것을 하기 싫어하기 때문에 자신의 감정이나 생각을 잘 드러내지 않는다. 때문에 서로를 아주 많이 이용하고 있고 깊은 업무적 관계를 가지고 있지만, 사실상의 상호소통은 매우 부족한 상황이다. 그래서 서로의 마음을 이해하지 못한 채, 서로의 관계가 깨어질 수 있다. AC가 리더인 입장에서 FA의 문제는 그가 스스로의 개인적인 목표 달성을 위해 조직의 균열을 초래할 수도 있다는 것이다. 사실 FA에게 조직의 균열은 크게 문제가 되지 않을 수도 있다. 왜냐하면 자신의 성공이 더 큰 가치로 남아 있는 사람이기 때문이다. 그러나 리더의 입장에서 조직의 융합은 무척이나 중요하다. 그러므로 FA에게 충분한 주의를 줄 필요가 있다. FA는 리더의 말을 무시할 만큼 담력이 큰 사람이 아니므로, AC의 충고를 잘 받아들여 넘지 말아야 할 선을 넘지 않으려고 노력할 것이다. 그러나 그의 감정을 충분히 이해해 주지 않는다면 사고(?)를 칠 수도 있으므로 평소에 감정적 소통을 하려고 자주 시도해야 한다. 문제는 AC가 이 부분에서 매우 약하다는 것이다.

AC와 FH는 잘 맞는 조합이다. 사실 FH가 AC를 매우 잘 보좌하는 편이다. 앞에서도 이해한 것처럼 FH의 보좌는 FA의 보좌와는 다르다. FH는 말 그대로 AC를 위한 보좌를 한다. 그의 무신경함과 예의 없음 등이 그/녀에게는 크게 문제되지 않는다. AC가 직장상사로 인식되면 그때부터 그를 잘 보좌하기 위해 최선을 다한다. FA처럼 자신의 성공을 위한 것도 아니다. 그렇다고 조직의 완성을 위한 것도 아니다. FH는 오직 AC를 돕기 위해서 일한다. 그래서 AC가 오히려 FH를 너무 쉽게 생각할 수도 있다. 너무 자신에게 헌신적이기 때문이다. AC는 그러면 충성스러운 부하직원을 돌보는 좋은 리더가 되어야 하는데 오히려 더 군림하고 부려먹으려고 하는 경향에 빠질 가능성이 크다. FH의 눈물이 시작되는 순간이다. FH가 바라는 것은 조직의 융합이나 자신의 발전과 성공이 아니라, AC의 인정이기 때문이다. "당신으로 인해 내가 큰 도움을 받고 있다"라는 말을 듣고 싶다. 그러나 AC는 이런 말을 하는 것이 실패하는 것보다 두려울 수 있다. 그래서 AC와 FH 사이는 아무런 문제가 발생하지 않지만 수많은 문제를 갖고 있다고 볼 수 있다. 특히 FH에게는 더욱더 말이다. 그래서 이 관계에서는 소통이 더 큰 몫을 차지한다. AC는 FH에게 칭찬과 감사를 아끼지 말아야 한다. 사실 FH의 수고는 AC에게 매우 큰 영향력을 미치고 나아가 조직의 안정화에도 도움이 되기 때문이다. 또한 FH의 감정과 생각을 파악하려고 노력해야 하며 FH가 스스로의 감정과 미래를 위해서도 수고할 수 있도록 AC가 보살펴야 한다. 그러면 FH에게는 너무나도 좋은 리더 역할을 하는 AC가 될 수 있다.

AC와 AC. 한 지붕에 대장이 두 명이다. 매일매일 전쟁터를 방불케 하는 분쟁(?)이 있을 것이다. AC부장은 리더이기 때문에 당연히 리더로서의 권위를 십분 발휘하게 된다. 명령하고 순종을 요구한다. 그러나 AC 조직원도 만만치 않다. 계급만 조직원이지 실상은 자신이 대장이나 다를 바 없이 행동한다. 오히려 자신이 진정한 대장이라고 소리친다. 마치 초원에서 왕좌를 두고 다투는 두 마리 수사자 같다고 해야 할까? 이러면 조직은 늘 '싸움의 먼지들'로 가득하다. 창조적 발전을 기대하기는 커녕 다른 조직원들로 하여금 조직생활에 회의를 느끼게까지 만든다. 초원에서처럼 서열과 경계를 분명히 정해야 한다. 그래야 조직의 평화가 이루어진다. 특별히 AC는 자신의 보스로 정하고 나면 충성을 다하는 경향이 있다. 그러므로 AC부장은 보스다운 면모를 부하직원인 AC에게 보여주어야 한다. 그러고 나면 서열과 경계에 대한 구별이 가능해진다. 소통은 주로 몸으로 이루어져야 한다. 함께하는 운동, 함께하는 활동에서의 접촉을 통해 AC들은 강한 소통이 일어난다. 서열과 경계 정하기가 끝나면, AC부장은 AC부하직원에게 '작은 대장'으로서의 사명(?)을 부여하면 된다. 그러면 최선을 다해서 조직을 위해 충성하게 될 것이다. 다만 AC부하직원이 먼저 업무적 능력을 갖출 수 있도록 도와주어야 하며 다른 조직원들을 대할 때 지켜야 할 예의에 대한 교육을 철저히 할 필요가 있다.

AC와 AP. 파워풀한 임금과 충직한 장군이 뭉쳤다. AC에게 AP는 충성스러운 장군이다. 무슨 일이든지 AP는 알아서 처리한다. AC의 의중을 너무나 잘 알기 때문이다. 또한 위에 나온 부하직원인 AC처럼 AC의 명령을 완수하기 위해 다른 조직원들을 상처 내는 일도 하지 않는다. 오히려 다른 조직원들을 아우르면서 AC에게 충성하는 분위기를 만들어간다. 이런 부하직원이 어디에 있겠는가? AC는 그래서 AP를 신뢰하고 많은 일들을 그/녀에게 맡긴다. 과부하는 여기서 시작된다. 힘들어도 힘들다는 소리를 하지 못하는 AP는 꾸역꾸역 일을 처리해 간다. 그러나 어느 날 터져버리는 것이다. 이는 육체적인 활동에서도 그렇지만, 심리적인 고충에서도 마찬가지이다. 도무지 이야기하지 않고 웃기만 하던 AP는 어느 날 갑자기 딴 사람처럼 화내고 폭발해 버리는 것이다. AC는 AP를 충분히 활용하지만 이런 AP의 특성을 잘 알고 그의 육체와 마음이 쉴 수 있도록 '바람 빼기'를 늘 해주어야 한다. 주로 활동 가운데 일어나는 접촉을 통한 소통이 제일 좋다. AC나 AP 모두 동적 에너지가 그 중심에 있기 때문이다.

AC와 AR. 두 사람은 사전 조율이 잘 이루어지면 상보적인 이익을 얻을 수 있다. AC의 강력한 리더십이 전진하며 큰일들을 처리해 가면, 그 사이의 허점을 AR이 꼼꼼함과 철저함으로 메울 수 있기 때문이다. 마치 큰 청소기가 지나간 후, 미진한 구석을 작은 빗자루로 처리하는 것과 같다고 할 수 있다. 조직 운영이 이렇게 이루어진다면 참으로 좋을 수 있으나, 문제는 두 사람이 어떻게 조화를 이루어가느냐 하는 것이다. 협력체로의 'AC-AR'이라면 더할 나위 없지만, 서로를 향한 날이 서게 되면 참 껄끄러워진다. 한 사람은 앞에서 소리 지르고, 또 한 사람은 뒤에서 궁시렁댄다. 막상 서로 대면하면 아무 말도 하지 않는다. 서로를 향한 감정은 서로가 잘 알기 때문이다. 이런 일이 반복되면 조직은 매우 정신사나워진다. 어디를 가도 불만과 불평이 가득하게 된다. 아무도 이런 조직에 있고 싶지가 않다. 그러므로 AC 리더는 AR과 별도의 시간을 가지면서, AR의 이야기를 미리 들을 필요가 있다. 그리고 그중에 꼭 필요한 부분만 정리해서 조직을 향해 이야기하게 하고 나머지 부분은 AC 차원에서 처리하면 된다. 조직의 분위기가 한결 부드러워진다. 다만 늘 그렇지만, AC가 AR의 이야기를 잘 참고 끝까지 들어주는 인내를 배우는 것이 선행과제이다.

AC는 체질상 리더의 역할을 매우 즐거워한다. 그리고 리더의 역할을 곧잘 한다. 그러나 AC가 주의해야 할 것은 리더가 군림하는 것이 아니라는 사실을 늘 스스로 인식할 필요가 있다. 왜냐하면 AC의 강압적인 태도와 어느 정도의 독선적 진행은 조직 안에 수많은 고통을 만들어낼 가능성이 크기 때문이다. 그래서 AC는 속도를 조금 늦추고 조직원들이 따라올 수 있도록 기다리는 인내를 가져야 하고, 그들이 사실 속마음으로 무엇을 생각하고 느끼는지를 살펴볼 눈이 필요하다. AC가 이런 소통의 능력을 갖춘다면, 그의 강력한 리더십은 잘 만들어진 엔진처럼 조직에 힘을 더하고 조직의 발전속도를 높이는 데 큰 역할을 하게 될 것이다.

AC의 재미있는 예를 찾아보자.

### 1) tvN 드라마 '내성적인 보스' - 은복동 역

극중 '브레인 홍보' 설립자요 주인공인 환기의 부친이다. 부리부리한 눈, 우렁찬 목소리, 호탕한 웃음, 탱크 같은 어깨와 단단한 돌주먹. 거칠고 터프한 상남자. 맨주먹으로 대한민국 업계 1위 홍보회사 오너로 일어섰다. 마음먹은 것은 반드시 해내고 마는 불 같은 열정과 강한 의지도 있었다. 그런데 마음대로 되지 않는 것이 딱 하나 있었으니, 아들 환기다. 아들을 항상 대장으로 만들고 싶어하나 아들이 잘 따라와주지 않으니 엄청 답답해 하고 화를 낸다. 어렸을 때부터 일부러 선생님들한테 돈을 찔러주면서까지 무리 가운데 주목받을 수 있게 만들어달라고 하기도 한다. 무엇인가 마음에 안 들면 항상 다 때려 부순다.

#### 은복동의 이야기 속에 나타난 AC

#1

(갑질기사 논란 사건이 터진 후 골프채를 들고 아들 회사로 찾아온 은복동)

은복동 : 환기 이놈 어딨어? 보나마다 꼭대기 층에서 대가리 박고 들들거리고 있겠지.

앞장서! (골프채로 층수를 누른다.)

(강우일 말은 듣지도 않고) 그 비서는 어딨어?

당장 내 앞에 데려와! 함부로 가볍게 놀린 주댕이!

얇게 포 뜨고 혓바닥은 잘게 절여서 아주 젓갈을 담아버릴 테니까.

(엘리베이터를 타고 아들 사무실로 올라온 후)

은복동 : 이거 어디 갔어?

(에잇! 하고 골프채를 집어던짐)

은복동 : 지난번에 말한 그 프로젝트, 그놈 코 꿰는 건 나한테 맡겨!

(은복동이 아들 은환기와 테니스를 하는 척하면서 일부러 공을 몸으로 던진다. 은환기는 어깨에 멍이 들게 되고 이후 은복동과 은환기는 함께 사우나를 간다.)

은복동 : 니가 잘나서 그 자리 차지했던 게 아니다.

새로 사내 팀을 구성할 거야. 이제 너는 그 팀을 책임지는 팀장이다.

은환기 : 네?

은복동 : 이참에 알껍질 깨고 나와. 다시 태어나란 말이야!

은환기 : 못합니다. 저...

은복동 : 너한테 주는 마지막 기회다.

계속 사람 구실 못 하면 회사는 강우일이한테 물려줄 테니까.

은환기 : 회사에 욕심 없습니다.

은복동 : (버럭 소리를 지른다) 뭐!? 기껏 한다는 소리가!

(답답하다는 듯이 무릎을 내리치며) 아이고 이 답답이!! 으휴!

은환기 : 저 차라리..어.. 혼자...

은복동 : 혼자 같은 소리하고 자빠졌네!

앞으로 너 인생에 혼자는 없어!

(누군가를 부른다) 형식아!

(덩치 크고 문신한 건달 같은 사람들이 사우나 안으로 들어온다.)

은복동 : (은환기가 일어나려 하자) 앉아 있어!
이제 너도 사람들이랑 살 부대끼면서 살아!!
(은환기 양옆으로 건달이 자리를 잡는다. 은환기가 옴짝달싹 못 하게 딱 붙어 앉는다.)

### 2) tvN 드라마 '고교처세왕' - 유재국 역

'컴포Inc'를 일구어낸 의지의 사나이다. 강인하고 추진력 있고 한번 마음먹은 일은 불도저처럼 밀어붙이는, '내 사전에 불가능은 없다'는 주의. 어떤 위기상황에도 흔들림이 없는 강한 포커페이스의 소유자. 아랫사람들이, 심지어 자식들조차, 무척 어려워하는 존재다. 그런 그에게 남에게 들키고 싶지 않은 비밀이 두 가지 있다. 하나는 의도치 않게 민석, 형석의 아버지인 이정수를 죽음으로 몰아넣었던 참담한 과거. 또 하나는 혼외 아들인 진우의 존재. 이 두 가지는 늘 어두운 그림자처럼 그를 쫓아다니며 옥죄곤 하는데. 그런데 새로 온 이형석(민석)이라는 놈. 이놈 이거 아무래도 물건인 것 같다. 격의 없는 태도에 남 눈치 안 보는 배짱에, 업계에서 드물게 단순무식한 이미지까지, 신선하기가 이루 말할 수가 없다. 부하직원에게 곁을 잘 주지 않는 그이지만 민석과는 금방 편한 사이가 되며 우정을 나눈다. 그런데 운명의 장난처럼 민석이 이정수의 아들이라니.

## 유제국의 이야기 속에 나타난 AC

#1

유재국(한진희) : 뭐 좋은 사이라고 주말까지 만나서 식사를 해?

유진우 : 엄마가 점점 안 좋아지세요. 그래도 가서 얼굴이라도 보셔야...

유재국 : 입 조심해. 여기 회사야.
그리고 니 엄마란 사람 이제 나랑은 상관없는 여자야.

(아들 유진우 집에 마음대로 찾아와서 기다리고 있다.)

유재국(한진희) : 운동하고 오냐?

유진우 : 네. 연락도 없이 어떻게...

유재국 : (신문을 신경질적으로 접으면서)
네 엄마 말이다. 한국에 데려왔더구나. 니 멋대로.
대체 뭔 생각이야?

유진우 : 요양원에 계시면요. 사람들한테도 잘 안 드러날 거고...
그래야 저도 가끔씩 들여다볼 거고,

유재국 : (말 끊고 버럭 화내면서) 언제부터 그딴 걸 니 마음대로 결정했어!!!
니 엄마 평범한 여자야? 아무리 한물 갔어도 알아볼 사람 다 알아봐!
이제 와서 나를 또 구설수에 오르게 할 생각이냐?
복수라도 하려고?

유진우 : 아뇨, 절대 그런 건 아니고요.

유재국 : 건방진 놈. 모른 척 놀게 놔뒀더니 내 머리 꼭대기에서 놀려고?
요양원에 사람 내려보냈어. 병실 밖에 1명, 안에 1명.
의사 간호사도, 손써둔 사람들만 들락거리게 해놨으니 그런 줄 알아.

유진우 : 네...

유재국 : (벌떡 일어서며) 물 없나?

유진우 : 제가 드릴게요.

유재국 : 공석인 본부장 자리 내정됐다.

독일에서 스카우트한 인잰데 28살밖에 안 먹었어.

긴장해야 될 거야!

비서 : (엘리베이터 타는 유진우 본부장 보면서) 유 본부장 총무님한테 왔다갔나?

유재국 : 그 따블유 프라자 내각 건은 어떻게 진행되고 있는 거야?

비서 : 워낙 덩치도 큰데다가 마켓분석에다 뭐다 스웨덴 쪽에서

자꾸 시간을 끌고 있어서...

유재국 : 그래서 손 놓고 기다리고 있겠다는 거야?

진성 쪽 케이타워랑 저울질하느라 시간 끄는 거 뻔한데 그러다 뺏기면!

비서 : 아무래도 케이타워는 입지 쪽에서 앞서고 또 진성하고 먼저 얘기된 거...

유재국 : (신경질적으로 안경 벗으면서 버럭 소리친다.) 뭔 상관이야!

장사 하루 이틀 해? 앞으로 사업 쪽이나 시장 쪽에서 앞서게 될 거란

장기적 플랜을 제시해서 설득하면 끝날 일 아니야!

비서 : (목소리가 작아지며) 알겠습니다.

유재국 : 안 그래 유 본부장?

유진우 : 아! 네. 맞습니다. 사장님.

## AP상사와 조직 간의 소통 : 참고만 있는 부장, 그러나 그가 폭발한다

AP는 배려심 깊은 상사이다. 항상 자신의 의견보다는 부하직원의 생각이 무엇인지를 신경 쓰고 이를 반영하려 애쓴다. 그/녀에게 있어 가

장 중요한 것은 조직의 융합이다. 그래서 한 사람 한 사람 부하직원의 의견과 감정에 집중하며 이들이 조화롭게 직장생활을 할 수 있도록 돕는다. 그래서 힘들다. 늘 위아래 사이를 오가며 이를 중재하고 부하직원들 사이를 신경 쓰며 조율하려고 든다. 때때로 자신의 의견을 포기하면서까지 말이다. 이렇게까지 하는데도 직장의 문제가 잘 해결되지 않는다면(사실 잘 해결되지 않는 경우가 더 많다.) 깊은 스트레스로 힘이 들게 된다. 자신의 스트레스를 해소할 곳을 마련하지 못한다면 자칫 건강의 위험신호가 울릴 수도 있다.

이런 AP에게 TI는 늘 걱정되는 조직원이기도 하다. 왜냐하면 너무 조직의 속도를 맞추지 못하기 때문이다. 당연히 AP의 마음에 늘 남아 있는 직원이 된다. 때로는 AP가 봐도 너무 속도가 떨어질 때가 많다. 그리고 주변의 상황을 전혀 신경 쓰지 못할 때도 많다. 한마디로 답답한 직원이다. 그러나 AP는 성격상 이런 직원을 버리고 달려가지 못한다. 그래서 데리고 가야 한다. 그러자니 가슴이 터질 때가 많다. 그러므로 AP가 TI를 진정으로 위한다면 그에게는 과제를 미리 줄 필요가 있다. 그래야 다른 직원들과의 속도를 겨우 맞출 수 있을 것이다. 이것으로 속도의 문제를 해결하지만 주변의 상황을 파악하는 사회적 활동이나 관계에서는 더 복잡한 처방을 해주어야 한다. TI가 이런 문제를 가지고 있다는 것을 먼저 알려줄 필요가 있고, 그 문제를 어떻게 해결해야 할지를 고민하게 해야 한다. 그것이 TI와 조직 모두에게 득이 된다. 무엇보다 AP에게는 아주 중요한 문제가 해결되는 것이다. TI와 소통할 때에는 역시 시간의 여유를 두어야 한다. TI는 자신의 생각을 이야기할 때 매우 자세하고 사소한 것까지 이야기하는 경향이 있다. 그리고 매우 어려운 이야기를 섞어가면서 복잡하게 이야기한다. AP가 싫어하는 방식이다. 하지만 그것을 중간에 끊어버리면 그는 더욱 더 움츠러들어 자기를 표현하는 일에 더 속도를 잃어버릴 수도 있기에 참아주어야 한다.

AP와 TL은 참으로 잘 맞는 조합이다. AP도 안정을 추구하려는 성향을 가지고 있고 TL도 안정을 절대적으로 추구하는 성향이니 서로 죽이 맞는다. 그러나 TL이 지나치게 조심하느라 너무 돌다리를 많이 두드리고 갈 수도 있다. 이 모습이 AP에게는 견디기 힘든 과정이다. 그러나 AP도 자신의 감정이나 생각을 표현하는 것이 서투르기 때문에 TL이 더 불안해 할 수도 있다. 속도의 문제를 지적하는 것인데도 내용의 문제가 없는지 고민하기 시작하는 것이다. 그러므로 TL에게는 바로 이야기해 줄 필요가 있다. 속도의 문제인지, 내용의 문제인지를 말이다. 그러면 TL은 이 안정적인 상황을 지키기 위해서 매우 잘 적용하고 처리해 낸다. 그러므로 AP가 이 방법을 분명하게 익히기만 하면 별 문제없는 관계가 지속적으로 유지될 것이다. 소통도 그리 어렵지 않다. 상황을 잘 설명하고 왜 소통해야 하는지, 어떻게 소통할 것인지 그리고 그 소통을 어떻게 처리할지 알려주면 TL은 소통에도 적극적으로 참여하게 될 것이다. 다만 AP가 자기 조절과 관리에 실패해서 스트레스 상황에 빠지게 된다면, TL은 필요 이상으로 스트레스를 받고 어려워할 가능성이 있기도 하다. 그러므로 AP는 항상 리더로서, 조직과 자기 자신을 위해서 자신의 스트레스를 건설적으로 해소할 방법을 마련하는 것이 필요하다.

AP와 TE 사이에서는 AP가 피해자 역할을 맡게 될 가능성이 크다. 왜냐하면 TE가 너무도 변화무쌍한 행보를 보일 것이기 때문이다. 뭔가에 집중하는 듯하다가 곧 다른 분야에 관심을 보이고 있다. 또 그 분야에 놀라운 열정을 쏟다가도 갑자기 다른 분야에 눈을 돌리려 한다. TE가 말이다. 이런 그/녀를 바라보는 AP는 그야말로 스트레스이다. 그러나 직접적으로 이야기하기는 힘들어하기에 TE는 AP가 자신으로 인해 얼마나 힘들어하는지를 잘 모를 수 있다. 그러므로 AP는 TE를 바라볼 때, 어떤 문제로 인해서 어려움을 겪고 있는지를 꼼꼼히 설명해 줄 필요가 있다. 이해가 빠른 TE이기 때문에 AP가 잘 설명한다면 최소한 조직에 피해를 입히지 않는 선에서 절제한다. 어리석은 자는 아니기 때문이다. 다만 AP가 이러한 이야기를 하는 것을 매우 힘들어하는 스타일이라 문제이다. 그러므로 AP도 흥분하지 않고 이를 차분히 이야기하는 방법을 익힐 필요가 있고, TE도 AP가 어렵게 한 이야기를 주의 깊게 듣고 수용할 필요가 있다. 이런 소통의 장이 원활하다면 AP와 TE 그리고 조직 안에서의 평화는 유지될 것이다.

AP가 매우 힘든 조직원을 만났다. 바로 FI이다. FI는 궁극적으로 조직생활에 적합하지 않는 성향을 타고났다. 자유롭고 얽매이기를 싫어한다. 이런 그의 성격이 창조적 역량을 발휘하고 번뜩이는 아이디어로 조직을 살리기도 한다. 그러나 AP가 볼 때에는 여전히 골칫덩어리이다. 늘 불안하고 안심이 안 된다. 또 AP의 기대(?)처럼 동에 번쩍 서에 번쩍, 럭비공처럼 행동하기도 한다. 말도 못하고 벙어리 냉가슴 앓을 때가 많고 또 말을 해도 FI가 임의로 판단해서 임의로 행동해 버리고 말 때가 너무도 많다. 자를 수도 없다. 그가 조직에 미치는 영향력이 작지 않기 때문이다. AP가 FI를 통제하려면, 그와의 감성코드를 맞추어야 할 필요가 있다. FI가 유일하게 따르기를 원하는 사람이 바로 그가 '존경하기를 원하는 사람'이다. 그런데 이 부분이 감성적 코드일 경우가 많다. 넓은 포용력 안에 무엇인가 분명한 능력이 드러나는 사람. FI가 가장 좋아하고 따르려 하는 사람이다. AP가 FI를 통제하기 원한다면, 더 부드러운 단어로 소통하기를 원한다면 이것을 갖추어서 FI를 대하려고 해야 한다. 우리가 잘 아는 단어로 표현한다면 알 수 없는 '카리스마'이다. 그러므로 AP는 FI와 함께하는 분야에 깊은 통찰을 소유해야 한다. 그런데 이것이 쉽지 않다. 이 부분이 불가능하다면 '참 좋은 형님'으로 다가가야 한다. FI가 마음을 열고 소통하고 따르려는 사람들은 이 두 부류이다. AP에게는 후자가 더 편한 역할이 될 것이다. 그러나 무조건 사람만 좋다고 되는 것이 아니다. 다른 무엇인가가 있어야 한다. 그래서 AP가 FI를 다루는 것이 결코 쉽지 않은 것이다. 조직 안에서의 원활한 조직 운영을 떠나서 소통만을 이야기한다면, FI의 감성적 변화를 비판 없이 옆에서 지켜봐 줄 필요가 있다. 이러한 노력이 FI에게는 '조용한 카리스마'로 느껴지게 할 수 있는 것이다. 아무튼 힘든 존재다. 그러나 분명한 것은 소통과 관계가 형성된다면 FI의 놀라운 능력을 조직 안에 사용할 수 있게 된다.

AP와 FA는 비교적 무난한 사이이다. FA가 스스로 잘 하려고 노력하는 스타일이기 때문이다. AP도 문제가 발생하는 것을 꺼리기 때문에 FA가 열심히 하는 것에 만족하는 편이다. 다만 AP에게 FA의 지나친 성취욕과 일 중심 사고가 걱정이 될 수는 있다. 지극히 개인적 측면을 벗어나 전체적인 부분에서 문제가 발생할 것이 두렵기 때문이다. 걱정되는 부분이라면 미리 이야기하면 된다. 이 부분이 AP가 힘들어 하는 부분이라 문제가 된다. 그러나 힘들어도 더 큰 어려움을 만들기 전에 이야기하는 것이 낫다는 것을 충분히 인식한다면, AP가 보다 더 잘할 수 있을 것이라 생각한다. '개인과 조직, 업무와 인간관계에서 조화를 이루며 일하라!' FA부하직원에게 AP가 할 수 있는 최상의 말이다. 다만 FA가 AP를 무시하지 않도록 상사로서의 위치를 잘 지키면서 한다면 말이다. FA가 가장 무시하는 상사는 능력 없는 상사이다. 그러므로 이는 AP 자신에게도 중요한 과제이기도 하다. 둘 사이의 소통은 개인적인 자리를 자주 마련할 필요가 있다. FA는 지나치게 업무 중심으로 AP를 대할 가능성이 크기 때문에 진짜 소통은 없을 수 있다. 그러므로 둘 사이에 개인적인 관계를 형성하여 보다 원활한 업무관계를 만들어갈 필요가 있다.

AP와 FH. 서로 하루 종일 미소 지으면서 일할 수 있는 관계이다. AP도 평화를 사랑하고 FH도 상사를 따르고 돕는 것을 기쁨으로 여긴다.

무슨 문제가 발생할 수 있겠는가? 다만 서로가 가슴속에 이야기를 담아두지 말고 진솔하게 이야기할 수 있는 시간이 필요하다. 왜냐하면 두 사람 다 자신의 이야기를 편하게 하는 스타일은 아니기 때문이다. 이러한 소통을 위한 특별한 시간을 갖는다면 참 좋은 관계를 지속적으로 유지할 수 있다.

AC는 상사인 AP의 마음을 늘 불편하게 하는 사람이다. 뭐든지 제 마음대로 행동하는 AC를 뒤에서 챙기고 다른 조직원들과의 관계도 일일이 챙겨야 하기 때문이다. 그러지 않으면 AC로 인해 조직은 늘 어수선해진다. 때로는 AC를 따끔하게 혼내야겠다고 다짐하지만 막상 AC를 보면 마음이 약해진다. 이런 AP를 보고 AC는 은근히 무시한다. 때로는 드러내놓고 무시하기도 한다. 그러나 AP의 참을성이 한계에 이르면 AC에게 무서운 폭발력을 보일 때도 있다. 거기까지 가면 AC는 물론이고 조직 자체의 분위기가 험상궂어진다. 또한 AP에게도 무척이나 힘든 순간이 된다. 그러므로 이렇게 되기 전에 AP는 AC를 향해 차근히 이야기해 나가야 한다. AC의 특성상 이야기를 차근히 들으려 하지 않을 수도 있으므로 이야기를 꺼낼 때에는 매우 진지하고 공식적인 태도를 취할 필요가 있으며, 상사로서의 권위를 마음껏(?) 사용할 필요가 있다. 왜냐하면 AC가 AP의 말을 주의 깊게 듣지 않을 수 있기 때문이다. 또한 AC를 잘 다루기 위해서는 AP의 권위를 AC에게 일부러라도 늘 보여주어야 한다. 그러지 않으면 AC를 통제하기 힘든 상황으로 전개될 수 있다. 권한과 한계, 위계와 질서, 조직과 소통에 대한 분명한 이야기를 정기적으로 하며 AC의 부족한 부분을 지속적으로 이야기해 주는 것이 전체 조직과 AP 그리고 AC 자신에게도 유익할 것이다.

AP와 AP. 조용한 태풍이라고 할 수 있다. 이들이 함께하면 모든 것이 무난하게 진행된다. 겉으로 보기에는 아무런 문제가 없어 보인다. 그러나 사실 이 두 사람은 각자의 분명한 의견을 가지고 있다. 문제는 이를 이야기하지 않고 서로 배려하는 척(?)한다는 것이다. 그래서 안으로 점점 더 문제를 쌓아가다가 결국 터뜨린다. 어느 쪽이든지 한쪽이 터지면 반대편도 터지게 되어 있다. 그래서 너무나 좋은 사이가 어느 날 갑자기 폭발해서 평생 만나지 못할 그런 관계로 변할 가능성도 있다. 그러므로 서로의 진솔한 마음을 이야기하는 시간을 반드시 가져야 하는 관계이다. 왜냐하면 다른 관계에서는 시한폭탄이 하나 있는 상황이라면, 여기서는 두 개의 시한폭탄이 째깍거리는 아주 위험한 상황이기 때문이다. 하지만 서로 간에 소통시간이 충분히 주어진다면 날마다 평화의 노래를 불러도 좋다. 평화를 만들어가는 데는 천부적인(?) 소질을 두 사람 모두 가지고 있기 때문이다.

AP와 AR은 AP와 AC의 관계와는 조금 다른 상황이 전개된다. AC의 경우에는 문제가 거의 겉으로 드러난다. AC는 그만큼 외적으로 문제를 드러내는 타입이기에 문제 해결이 더 쉽다. AP가 AC의 한계를 잘 설정해 주기만 하면 그리 큰 문제가 발생하지 않는다. 그러나 AR은 조근조근 따지는 스타일이다. 하는 말마다 다 맞는 말이기는 하다. 그래서 AP

가 이야기하지 못하고 늘 당하는 편이다. 상사로서 부하직원의 잔소리를 늘 듣는다는 것은 매우 힘든 일이다. 그러나 AR의 지적은 끊이지 않는다. 반박할 수 없는 문제들이 많다. AP의 스트레스 게이지가 AR로 인해서 날마다 올라간다. 그러나 아주 사소한 일에 AP가 폭발하게 된다. AR이나 다른 조직원들이 모두 놀라거나 황당해 할 상황에서 터진다. 이것은 지금 이 상황이나 사건에서 화가 난 것이 아니다. 오래 묵혀둔 화가 터진 것이다. 그러므로 AP는 AR이 비록 옳은 말을 한다 할지라도 그 방법과 절차에 신경을 써서 진행할 수 있도록 요구해야 한다. 그렇지 않으면 AP는 상황이 주는 많은 스트레스로 인해 힘들어질 수 있다. 보통 AR이 AC처럼 막무가내가 아니고 일리 있는 이야기를 하기에 더 공식적인 절차와 방법을 통해서 할 수 있도록 해야 한다. 또한 그 이야기의 수위에서도 상사에게 지켜야 할 예의를 최대한 지킬 수 있도록 당부해야 한다. 비단 이것은 AP에게만 해당되는 것이 아닐 수 있으니, AR에게 조직 안의 모든 구성원들에게도 동일하게 예의를 갖추어서 대할 수 있도록 지시해야 한다. 이는 AR 자신에게도 생각이나 감정을 오해나 충돌 없이 전할 수 있는 방법을 제공하는 것이기에 중요하다고 할 수 있겠다.

AP를 드라마 속에서 찾아보자.

### 1) tvN 드라마 '미생' - 김동식 역

"전 오 과장님만 보고 갑니다." 32년 모태솔로. 선수들만 가득한 세상에 순수로 똘똘 뭉친 남자. 일처리에 있어선 완벽한 프로인 대리 2년차.

특유의 우직함과 확실한 위계질서로 무장한 열정적인 그는 장그래의 선임이자 오 과장의 둘도 없는 짝꿍이다. 노모를 모시고 사는 생계형 샐러리맨으로 영업3팀의 살림꾼 역할을 톡톡히 하고 있다. '원 인터' 최고의 악질선임을 만나 퇴사를 고민하던 신입시절, 운명처럼 만난 오 과장님을 평생 따르기로 한 의리의 사나이. 지방 국립대 출신이지만 각종 동아리 활동과 공모전 입상 실적으로 '원 인터'에 들어온 실력파이기도 하다. 그의 소원은 능력이 있음에도 다른 부서의 무시나 받으며 빛 안 나는 일에만 매달리는 오 과장님이 빨리 승진하는 것이다. 그리고 또 하나의 소원이 있다면, 이기적이지 않다는 이유로 더 이상 맞선 자리에서 퇴짜 맞지 않는 것.

### 김동식의 이야기 속에 나타난 AP

#1

(몸부터 움직인다.)

김동식 : 왜 이러고 섰어요. 왜왜왜 왜 앉았다 일어났다 해요. 정신 사납게.

(자꾸 물어보는 장그래에게 욱하며 얼굴은 벌게지지만 웃으면서) "한 장씩"

#2

김동식 : (웃으면서) 왔어요. 왔어. 스카이. 낙하산 인턴.

요즘 아주 보기 드문 청년이 여기 왔네요.

진짜 인사팀 우리에게 너무한 거 아닙니까? (하면서 미소가 사라진다.)

#3

김동식 : 아니~ 복사를 하루 종일 하러 가니.

어디 갔니, 어디 갔니.(직접 몸이 움직이며)

나와, 나와~~(가위로 직접 잘라주고)

#4

김동식 : 안영이 씨라고 했나? 보기 드문 장그래 씨!

점심 좀 챙겨줘요.

내가 지금 외근 나가야 돼 가지고. 다른 인턴들 인사 좀 시켜주고.

#5

김동식 : 장그래 씨! 그래 씨가 가야겠어. 어메이징하지. 다른 방법이 없어.

과장님 도착하실 때까지 무슨 수를 써서라도. (인삼샘플절편 챙겨주면서)

자. 개! 꼭 보여줄 수가 없잖아...

파이팅!!! 아니야. 그것도 아니고 뭐하지?

시말서를 미리 써볼까. 과장님 꺼 한 장, 내 꺼 한 장.

아. 망했다. 그래도 잘 써 놓는 게 낫겠지?

아이~(하면서 뒤로 누워버린다.)

### 2) JTBC 드라마 '욱씨남정기' - 남정기 역

'러블리 코스메틱' 마케팅본부 과장 소심함의 끝판왕. 자칭 방어적 비관주의자. 긍정적이고 낙천적인 생각에 사로잡혀 세상에 덤볐다가 무참히 쓰러지는 사람들을 무수히 봐왔다. 현재 안온한 삶을 영위하는 것은 다 내가 적당히 몸을 사렸기 때문이다. 인내는 언제나 최악의 사태를 막아내지 않던가? 길고 긴 인생 결국 지는 게 이기는 거더라. 그래서 아무리 억울한 일을 당해도 져주고 만다. 소심한 성격에 연애 한번 제대로 못 하고 모태솔로의 길을 걷다가 하룻밤 실수로 덜컥 우주가 생기고 결혼까지 이르렀다. 적극적인 구애를 거절하지 못해 함께 밤을 보냈고, 상처받을까 봐 보듬었고, 아이가 생겼으니까 책임졌다는 걸 아내는 진즉에 알고 있었던 것 같다. 성실했지만 애정 없는 결혼에 지쳐갈 때 즈음 정기가 친구에게 거액의 돈을 떼먹힌 것을 핑계로 이혼을 요구하는 아내와 도장을 찍었다. 미용실 미용사가 머리에 땜빵(?)을 만들어도, 시장상인이 다 시들어빠진 야채, 과일을 강매해도, 위층에서 시도 때도 없이 쿵쾅거려도, 아래층에서 담배연기가 올라와도, 택배가 잘못 배달되어도, 나의 택배를 옆집이 꿀꺽해도, 싫은 소리 한번 못하고, 거절 한번 못한다. 이런 생보살, 걸어다니는 유니세프, 파더 테레사 같은 남자. 손해 감수하고, 참고, 넘어가면 대충 평온한 인생이었는데, 이놈의 회사생활은 그걸로 해결이 안 된다. 후배에게 승진을 추월당한 것은 그나마 가벼운 몸 풀기 수준. 황금화학에 ODM(제조업자 개발생산방식) 납품계약을 따내기 위한 최종 PT날 시제품을 깨먹는 어이없는 실수를 저질러 회사에서 쫓겨나고 만다. 정기가 다시 없을 실수를 하게 된 것은 전적으로 PT당일 이사를 온 앞집 탓이었다. 바빠 죽겠는 출근길에 이삿짐으로 입구를 막아버려 결국 시제품을 깨먹게 만들었던 것. 뿐인가? 우주의 자전거를 훔쳐간 것도 모자라 소방법 위반 운운하는 딱지를 붙여놓다니! 생애 처음으로 용기 내어 쳐들어간 앞집 902호에서 튀어나온 주인은 오... 맙소사! 다름 아닌 황금화학의 육다정 팀장! 예정된 계약을 뒤집고, 읍소하는 정기에게 무참한 치욕감을 맛보였던 바로 그 육다정이 하필 엎어지면 코 닿을 곳에 이사를 온 것이다. 같은 아파트 주민이 되어 수시로 얼굴을 마주쳐야 한다는 것만으로도 심장마비 걸릴 지경인데, 우여곡절 끝에 겨우 복귀한 러블리 코스메틱에 정기의 상사로 육다정이 오게 되면서 평온하던 그의 인생에 거대한 소용돌이가 몰아치게 된다.

### 남정기의 이야기 속에 나타난 AP

#1

(혼자서 마음속 생각으로 후배 본부장과 악수를 하다가 때리는 상상을 하면서)

남정기 : 후배의 본부장 승진? 까짓것 괜찮았다.

"난 양보의 미덕을 갖춘 평화주의자니까..."

박현우 : 와~ 김 본부장 저거 완전 철면피네.

아니, 남 과장님 밟고 올라갔음 미안한 줄 알아야지.

아니, 허브세럼 그거 원래 과장님이 개발한 거잖아요!

남정기 : 아. 괜찮아~ 같이 개발한 거야~ 허허.

박현우 : 아. 억울하지도 않으세요?

과장님이 매번 이렇게 소심하게 대하시니까 다 뺏기는 거라고요!

남정기 : 하~ 소심하긴 뭐가 소심해... 허허.

'아니 난 대범한 거다. 후배를 상사로 모시는 일.'

(후배 본부장이 어깨에 손을 올리며 툭툭 치니 손을 꺾으며 어디다 손을 올려! 라고 하고 싶지만 현실은 90도 인사를 하는 남정기 과장)

남정기 : '그런 통 큰 결단은 아무나 하는 게 아니다.'

한영미 : 바보인 거야? 착한 거야?

장미리 : 아휴... 옆에서 보고 있으면 속 터지지 않아요?

완전 발암 캐릭터라니까. 화도 안 나시나?

한영미 : 화 정도로 되겠어? 나 같으면 애저녁에 그만뒀지!

저게 다 사람이 너무 소심해서 그래.

남정기 : '다시 한 번 말하지만 난 결코 소심한 사람이 아니다.

자기 객관에 도달한 방어적 비관주의자일 뿐이다.'

(엘리베이터에 사람들이 가득 타고 마지막에 한 명이 타니 '삐-' 소리가 울리고 마음 같아서는 마지막에 탄 사람에게 '뭘 봐 이 자식아!' 하며 따지고 싶지만 현실은 눈치 보다가 남정기 과장이 내린다.)

남정기 : '분쟁은 피하는 게 최선이다.'

(본부장이 뒷돈 받은 것이 걸려 경찰에 잡혀간다.)

남정기 : '언제나 과한 욕심은 판단력을 흐리는 법이지.

뒷돈 찔러주는 하청업체의 비밀보장을 믿다니.

역시 책임이 많은 자리는 수명을 단축할 뿐이다.

중요한 책임을 지지 않아도 되는 자리. 난 그쯤에서 만족했다.

그런데!'

남정기 : 예? 제가 말입니까?

조동규 : 그래~ 황금하고 오디엠 계약 남 과장이 맡으라고.

남정기 : '책임! 책임이 주어졌다! 젠장!'

조동규 : 김석훈이 하던 허브세럼. 원래 자네 거였잖아.

남정기 : '알고 있었다. 사장도.'

조동규 : 새끈하게 한 번 만들어봐!!!

이번엔 승진해야 하지 않겠어?

황금화학이랑 이번 계약 성사되면 본부장 가는 거야. 알지?

남정기 : '잘 안 되면 두 번째 승진 누락. 사표 쓰란 소리다.'

조동규 : 왜 대답이 없어?

남정기 : 열심히... 해보겠습니다.

조동규 : 열심히 말고! 잘!

남정기 : 예... 잘!

중간중간 욱하면서 폭발하는 상상만 하고

좋은 게 좋다는 식으로 실행에 옮기지 못한다.

이삿짐센터가 막무가내로 왔다가 나가도 화 한번 내지 않는다.

그러다가 애먼 곳에서 폭발!!!

#2

남정기 : (사장실에서 온 전화를 받고) 예 사장님. 바로 올라가겠습니다.

(사장실에서 욱다정과 조사장과 미팅)

남정기 : 예? 개발 로열티를 넘기라고요?

욱다정 : 대신 수익배분율 상향 조정했습니다.

또 향후 2년간 황금화학 OEM업체 선정 시 우선순위 지정업체로 격상해 드립니다.

조동규 : 내가 김 상무랑 통화 한 번만 할게.

욱다정 : 김 상무님이 직접 제시한 조건입니다.
최종 선택을 러블리 코스메틱에서 하는 겁니다.
잘 판단해서 오늘 안으로 결정하시기 바랍니다.

조동규 : 아 김 상무 이 새끼 끝까지 날 엿멕이는구먼!

개발 로열티를 빼앗기는데도 가만히 있다.
속이 말이 아닌데도 늘 웃고 좋게 말한다.
이럴 땐 조용히 넘어가야 합니다. 본부장님
좋은 게 좋은 거라니까요!

### 3) tvN 드라마 '라이브' - 김민석 경사 역

언제나 현장에서 대화로 모든 걸 해결하는 '거리의 판사'. "이 말도 옳고, 저 말도 옳다"가 레퍼토리인 평화주의자. 밝고 놀기 좋아하고, 성격이 무던해 사람 좋단 소리를 곧잘 듣는다. 현장에서도 언제나 원만한 해결이 최우선이다. 그와 파트너가 되면 조서를 쓰는 일이 드물다. 언제나 현장에서 대화로 모든 걸 해결한다. 인간관계도 마찬가지. 갓 들어온 신입들과 고참들 사이에 낀 어중간한 직급이다 보니 이래저래 피곤하지만, 눈치가 빠르고 말주변이 좋은 덕분에 누구나 편하게 생각한다.

## AR상사와 조직 간의 소통 : 보기만 해도 힘든 부장님

AR은 리더로서의 역할을 매우 충실히(?) 잘 한다고 생각하지만 부하 직원들에게는 매우 인기 없는 사람이다. 왜냐하면 그의 눈에는 모든 직원들이 다 '틀려먹었기'(?) 때문이다. 하나같이 마음에 드는 직원이 없다. 그래서 출근하면 일단 미간부터 찌푸려진다. 사무실이 엉망진창이다. 그가 바라는 사무실은 정돈되어 있고 하루의 업무를 원활하게 소화하는 데 충분히 준비된 상태여야 한다. 있어야 할 곳에 있어야 할 것들은 반드시 있어야 하고, 없어야 할 것은 없어야 한다. 모든 것이 자기 자리에 위치할 때 비로소 업무 분위기가 형성된 것같이 느껴진다. 비단 물건이나 집기뿐만 아니라 사람도 마찬가지이다. 회사의 구성원으로서의 마땅한 모습을 갖추어야 하고 그가 있어야 할 자리, 해야 할 역할의 위치에 있어야 한다. 하지만 사무실이나 업무 환경이 거의 그런 적이 없기 때문에(전적으로 그의 눈에 비친 모습이다.) 그는 항상 화가 난 상태이다. 화난 상태로 직원들을 대하니 직원들에게 편안한 소리가 나갈 리 만무하다. 그러니 직원들은 그가 출근하면 초긴장상태에 들어가게 된다. AR은 기본적으로 '틀'(frame)을 가지고 있다. 세상은 그가 알고 있는 틀대로 움직여야 비로소 행복해진다. 그러나 그렇지 못한 경우가 더 많기 때문에 늘 심리적으로 격앙된 상태이다. 이런 그/녀를 감당할 사람이 별로 없다. 특별히 그/녀가 리더의 위치에 있기에 조직은 더 경직되고 힘들다. 그/녀의 '잔소리'는 이미 견디기 힘든 정도가 되었고 이로 인해 회사생활에 회의를 느끼는 조직원들이 이미 많이 생기게 됐다. 그렇다고 전적으로 AR이 나쁜 것만은 아니다. 그/녀는 먼저 자신에게도 철저하다. 그렇기에 다른 사람들도 철저하기를 바라는 것이다. 그래서 그/녀가 일을 하면 틀림이 없다. 두 번 세 번 살펴보기 때문이다. 만일 하나라도 실수가 있으면 그/녀는 스스로를 용서하지 못한다. 때문에 다른 사람들에게도 포용이란 단어를 적용하는 것이 매우 힘들다.

이런 AR이 TI를 만나면 양가적 감정이 든다. 매우 마음에 드는 부분도 있고 매우 마음에 들지 않는 부분도 있기 때문이다. TI는 속도가 매우 느리다. 그래서 '행동형'이 근본 에너지인 AR에게는 답답하고 이해가 되지 않는다. 그래서 그를 볼 때마다 속도로 인해서 속이 터진다. 그러나 TI가 마음에 쏙 드는 부분이 있다. 맡은 일은 거의 완벽하게 해내기 때문이다. 이는 TI의 근본적인 특징이다. 그러므로 AR의 상사는 이런 TI를 이해하고 그의 속도의 부분에 관대함을 지녀야 한다. 그의 업무 완성도에 위로를 받아야 한다. 그러나 이것도 AR에게는 거의 불가능한 부분이기에 이를 보완하려면 TI에게 업무를 미리 주어야 한다. 이것이 업무를 지시하는 입장에서는 매우 앞서가야 하는 일이라 쉽지는 않지만 AR은 충분히 이를 잘 해낸다. 미리 업무를 주어서 AR의 속도에 TI가 맞춰주기만 하면 AR은 TI를 매우 흡족해 할 수 있다. 업무의 전문성이나 완성도는 TI를 따라갈 자가 없기 때문이다. 상호 간의 소통에 있어서도 문제는 있다. 소통에서도 속도를 요구하는 AR에게 TI는 깊은 지적 이해를 요구한다. TI 업무의 완성도를 원하는 AR이라면 소통의 속도뿐만 아니라 소통의 내용에도 신경을 써야 한다. TI가 완전히 이해하는 정도의 정보를 제공해 주어야 비로소 소통도 일어나기 때문이다. TI

입장에서 AR과 소통하기를 원한다면 일단 그의 원칙과 속도를 어느 정도 맞추려는 노력이 필요하다. 그렇지 않으면 AR의 '화'와 직면해야 하는 위험이 있기 때문이다.

AR과 TL. 그래도 AR을 가장 잘 맞출 수 있는 사람은 TL일 것이다. 그는 스스로의 안정을 얻기 위해서 AR을 먼저 정확하게 파악하려 든다. AR의 요구, AR의 패턴, AR의 기호 등을 철저히 파악하고 그의 경계를 건드리지 않도록 노력한다. 그래서 유일하게 직원들 중에 웃으면서 이야기하는 경우가 자주 발생하는 직원이 바로 TL이다. 그러나 TL에게 많은 스트레스가 요구된다. 아무리 감정에 둔감한 사람이라도 스트레스는 피할 수 없다. AR이 이를 잘 안다면 TL에게 그/녀가 아주 잘 하고 있다는 것을 자주 알려줄 필요가 있다. 그래야 TL이 더 심리적으로 그리고 실제적 삶에서도 안정을 누리며 살 수 있을 것이다. TL에게 '불안'은 최대의 적이기 때문이다. 그/녀는 AR의 요구를 맞추어가는 것보다 일이 잘 되고 있는지에 대한 스트레스가 더욱 큰 사람이다. 소통에서는 서로의 욕구가 다르기 때문에 소통의 접점을 위해서는 각자의 노력이 필요하기도 하다. AR은 속도와 완성을 추구하는 사람이기 때문에 소통에서도 서두르거나 단정적일 가능성이 크다. 그러나 TL은 조심성이 매우 큰 사람이기 때문에 소통에 필요한 환경과 시간이 필요하다. 또한 TL이 안정을 느끼기 위해서 AR은 TL이 아무런 문제없이 매우 잘하고 있다는 사실을 자주 밝혀줄 필요가 있다. 이들이 서로 소통되면 이를 통해서 조직 전체의 분위기도 완화될 가능성이 매우 크다.

AR과 TE는 매우 힘든 상황이 펼쳐질 가능성이 크다. AR과 TE는 정반대의 스타일을 소유했기 때문이다. AR은 정해진 틀이 있다. 모든 것이 그 정해진 틀대로 움직여야 직성이 풀린다. 그/녀 자신도 이 틀을 철저히 지키려고 병적으로(?) 노력한다. 그래서 AR이 하는 일은 정확하다. 늘 기대할 수 있는 효과, 예상할 수 있는 결과를 낸다. 그러나 TE는 그렇지 않다. 일단 '사고형'의 에너지 중심이기에 사실 생각이 많다. 생각이 많으면 속도는 떨어지게 되어 있다. TI의 경우에는 우물쭈물해 보이지만, TE는 열심히 하지 않는 것처럼 보인다. 그래서 AR에게는 눈엣가시이다. 여기에 TE의 쉽게 지치거나 싫증내는 모습은 AR에게는 용서할 수 없는 장면이다. 어떻게 일을 저렇게 쉽게 생각할 수 있는지 이해가 되지 않는다. 사실 흥미를 잃어버린 작업에서 TE는 능력을 상실한다. 그러나 그의 흥미와 관심이 폭발하는 곳에서는 누구보다 강력한 능력을 발휘한다. 이런 AR과 TE가 만나면 언제 터질지 모르는 '시한폭탄' 같은 불안함을 내포하게 된다. 하지만 나쁜 면만 있는 것은 아니다. TE의 밝은 미소가 사무실에 긍정적인 분위기를 풍긴다는 것을 AR이 모를 리가 없다. 그래서 TE의 밝은 미소와 분위기를 이끌어가는 능력을 내심 좋아한다. AR에게는 전혀 없는 면이기 때문이다. 다만 둘 사이에 충돌이 일어나지 않도록 미연에 방지하는 노력이 필요하다. AR은 TE의 능력을 십분 사용하기 위해서 그가 업무에 흥미를 잃지 않도록 지속적인 지적 자극을 줘야 한다. 새로운 프로젝트를 구성하고 이를 통해서 TE의 능력을 사용하게 하면 매우 효과적인 결과를 만들 수 있다. 새로운 프로젝트를 항상 만들 수는 없으므로 기존 프로젝트의 혁신적인 변화를 맡겨보는 것도 좋다. TE도 좋은 분위기로 사무실을 이끌어가는 긍정적인 면을 너무 지나치지 않는 선에서 유지하는 것이 좋다. AR이 너무 틀을 벗어나거나 정해진 규칙을 지키지 않는 것에 민감하다는 것을 기억하고 AR의 심기를 불편하지 않게 하는 것이 필요하다. 소통은 TE가 이해할 수 있도록 지적 정보를 제공해 주는 것이 좋다. 또한 AR이 원하는 기본적인 규칙을 알려주는 것도 소통의 기초를 쌓아가는데 중요한 역할을 할 수 있을 것이다.

AR과 FI는 만나면 거의 폭발한다. TE와의 갈등과는 비교할 수 없다. AR과 FI는 근본적으로 그 성향이 정반대이기 때문이다. AR은 틀과 형식을 중요시한다. 이를 지키기 위해서 노력하는 성향이다. 그러나 FI는 가장 싫어하는 것이 틀과 형식이다. 그래서 그는 이를 파괴하는 쪽으로 늘 움직인다. 그러니 둘 사이에 전쟁이 나지 않는 것이 이상하다. 그러므로 AR과 FI가 만났다면, 더 많은 그리고 더 깊은 상호 간의 소통이 필요하다. 우선 AR은 자신이 원하는 것과 꼭 지켜주었으면 하는 것을 미리 FI에게 알려주어야 한다. 그리고 이것이 일방적인 지시가 아니라 상호합의에 의한 결과로 도출되어야 할 것이다. FI도 자신이 합의한 것에 대한 것들을 지키려고 노력할 것이기 때문이다. 이 부분은 AR에게도 마찬가지이다. 상호합의를 통해서 정해진 부분은 마음에 들지 않더라도 꼭 지지해 주어야 FI가 기분 좋게 일하게 된다. 특별히 FI는 감정적 에너지가 중심인 사람이라 마음이 상하면 어떤 일도 되지 않는다는 사실을 AR이 기억해야 한다. FI도 상사인 AR이 용납하는 부분과 그렇지 못한 부분에 대한 합의를 거쳤던 것을 늘 기억하면서, 그 부분은 무슨 일이 있더라도 지키려는 노력이 필요하다. 그리고 조직 안에 있다 보면 항상 내 마음과 감정에 합한 상황만 있지 않다는 것을 기억하고 잠깐의 여유와 참을성을 가질 필요가 있다. 하지만 늘 이야기하였듯이 FI의 통찰력과 집중력이 발휘되면 조직을 매우 발전시킬 수 있는 잠재력을 소유하고 있다는 사실을 기억하고 AR이 FI를 다루고 소통하는 부분에 더욱 신경 쓸 필요가 있다.

AR과 FA는 비교적 원만한 관계를 유지할 수 있다. 전적으로 FA 때문이다. FA는 본능적으로 상사의 성향을 파악하고 그에게 맞춰줄 준비가 된 사람이다. 그는 AR에게 인정받기 위해 최선을 다한다. 다만 이것은 AR을 위한 것이 아니라 전적으로 자기 자신을 위한 것이다. 그가 성공하는 데 AR의 도움이 필요함을 그는 누구보다 잘 알기 때문이다. 그러나 반대로 FA의 성공에 AR이 도움이 될 수 없다면, 상황은 반대로 전환될 것이다. FA는 AR을 철저하게 무시하고 그를 밟고 일어서려 한다. 하지만 이런 상황은 확률적으로 낮으므로 FA가 AR을 잘 맞추어가는 형국이 될 것이다. AR의 입장에서 보면 비교적 자신을 잘 파악하고 또 자신의 욕구를 잘 채워주는 FA가 나쁘지 않다. 다만 FA가 너무 지나쳐서 다른 조직원들에게까지 이를 요구하고 때문에 조직의 분위기가 이상한 방향으로 흘러가는 것을 잘 조정할 필요가 있다. 심지어 FA는 AR을 향한 충성심으로 인해(사실은 자신의 성공을 위한 비열한 시도일 수도 있다.) 다른 조직원들을 이용하고 공격하고 소외시킬 수 있다는 사실을 늘 기억할 필요가 있다. 이렇게 되지 않으려면 AR은 FA에게 조직원들과 함께 성장하는 것이 AR이 원하는 것이라는 사실을 늘 주지시킬 필요가 있으며 이를 시행하고 있는지를 늘 점검할 필요가 있다. AR 자신에게는 매우 좋은 부하직원이지만, 모든 이들의 적이 될 수 있고 이것이 전체 조직의 분위기를 망치는 결과를 초래할 수 있기 때문이다. 이런 부분을 잘 조정할 수 있다면 FA의 업무역량을 조직을 위해서 잘 사용할 수 있을 것이다. 또한 FA는 감정적 에너지가 중심인 사람이기에 그의 역할과 능력에 대한 칭찬을 아끼지 말아야 할 필요도 있다. 그러므로 공적이든 개인적이든 간에 이를 위한 시간을 일부러라도 마련할 필요가 있다.

AR과 FH는 외적으로는 아무런 문제가 발생하지 않는다. FH가 헌신적으로 AR을 도울 것이기 때문이다. AR의 끊임없는 지적과 요구에, 완벽하지는 않지만 FH는 이를 만족시키기 위해 애쓸 것이다. 왜냐하면 FH는 AR의 마음을 알기 때문이다. 본인 스스로가 스스로를 용납하지 못하고 자신을 괴롭히는 것을 FH는 잘 알고 그/녀를 안타까워하면 기꺼이 돕는다. 그래서 AR도 FH에게 화를 내지만 진심은 아니다. 그의 마음을 잘 알고 있다. 다만 FH의 일처리가 그렇게 정확하지는 못하기 때문에 자주 지적을 할 뿐이다. 문제는 여기서 발생한다. FH는 AR의 인정을 받고 싶어한다. 업무적인 부분이 아니라 AR이 자신의 도움을 받고 있다는 사실을 확인하고 싶어한다. 그러나 AR은 그리 사근사근한 사람이 아니기 때문에 이것을 잘 못한다. 분명 FH를 마음에 들어하고 그의 도움이 좋으면서도, FH의 부족한 업무능력에 본능적으로 지적하고 화를 내는 것이다. 계속 이렇게 한다면 자신을 이해해 주고 자신의 뒤를 말없이 지켜주는 부하직원 하나를 잃어버릴 수도 있다. 그러므로 시간을 일부러 내서라도 FH에게 칭찬을 해주어야 한다. 또한 진정한 리더라면 FH가 AR에게만 집중하지 않고 자기 발전을 위해 투자하고 노력할 수 있도록 안내해 주어야 한다. 그것이 전체 조직과 AR 자신에게도 도움이 되기 때문이다. 또한 FH는 AR이 주는 자기 발전 기회를 놓치지 말고 시도해야 하며 타인이 아니라 자기 자신의 인정을 받기 위해서 살아야 더욱 잘살 수 있을 것이다.

AR과 AC. 날마다 파티(?)이다. AC는 누구의 지시를 받는 사람이 아니다. 자기가 늘 대장이어야 하는 사람이다. 그런데 그 위에 AR이 날마다 사사건건 지적을 해댄다. AC는 치밀하지 못하기 때문에 AR에게는 좋은 먹잇감이 된다. 그렇다고 그냥 고개 숙이고 '죄송합니다'라고 할 AC가 되지 못한다. 앞에서는 말하지 못하더라도(사실 AC라면 앞에서도 이야기한다. 자신이 잘못했어도 오히려 큰 소리 치는 타입이다.) 뒤에서는 날마다 AR에 대한 불만을 노래(?)한다. 이런 그에게 AR은 더욱더 집요하게 지적하고 야단을 친다. 조직 전체의 분위기가 말이 아니다. AR과 AC가 상사와 부하직원으로 만났을 때 조직이 와해될 위기까지도 간다. 여기에서는 소통의 기술이 더욱더 필요하다. 먼저 AR은 AC를 대할 때 더욱 기술적일 필요가 있다. 왜냐하면 조직 전체의 분위기를 와해할 가능성이 있기 때문이다. 일단 개인적으로 AC와 긴밀한 관계를 유지할 필요가 있다. AC는 '가족'과 같은 유대를 형성하면 '의리'를 지키기 때문이다. AR이 형님처럼 그를 리드해야 한다. 물론 AR에게는 맞지 않는 옷일 수 있다. 그러나 조직의 책임지는 리더로서 꼭 필요한 행위이다. AC가 부하직원으로 있으면 말이다. 그리고 AC가 그렇게 리더같이 행동하고 싶어한다면 AC에게 어떤 책임감을 부여하는 것도 좋다. 다만 AC가 책임감 있는 자리에서 책임감 있는 행동과 그에 걸맞은 관계를 맺을 수 있도록 늘 관리해 주어야만 한다. 한마디로 손이 많이 간다. 그래도 조직을 위해서라면 꼭 필요한 방법이라고 할 수 있다. AC와의 소통은 다른 것이 없다. 함께 몸을 부딪치면서 나누는 시간이 필요하다. 은근히 AR도 이 부분이 필요하다. 그 자신의 스트레스 해소를 위해서도 말이다. AR도 '행동형' 에너지가 근간이기 때문이다.

AR과 AP는 조용한 태풍의 눈이다. 한쪽은 끊임없이 공격하는 스타일(AR)이고 한쪽은 끊임없이 수비하는 스타일(AP)이다. 그래서 전쟁은 일어나지 않는다. 외적으로 보면 AP가 일방적으로 당하면서 참는 모양새이다. 그렇지만 AP에게도 이것이 편하다. 그는 전쟁보다는 평화, 분란보다는 안정을 원한다. 그래서 오히려 힘들어하는 조직원들을 챙겨가면서 조직 전체의 분위기를 조율까지 한다. 그래서 AR은 은근히 AP에게 책임을 부여하고 AP를 닦달한다. AP도 그냥 이것이 편하다. 자신이 혼자 당하고 조직 전체가 편안한 것이 차라리 좋다고 생각한다. 하지만 그 자신의 스트레스는 장난이 아니다. 좋다고 생각했지만 사실 좋은 것이 아니라 안으로 꾹꾹 참아 누르고 있었던 것이다. 그러니 스트레스로 매일

매일이 힘들다. 밖에서는 그가 그렇게 스트레스를 받는지 아무도 모를 정도로 표시를 내지 않지만 안에서는 힘들어서 죽으려고 한다. 이것이 어느 날 터져버리면 아무도 감당할 수 없게 된다. 그러므로 AR은 AP의 부풀어 오른 스트레스를 조금씩 빼주는 일을 해야 한다. 자신을 표현하게 하는 것이다. 물어보면 분명한 자신의 의견과 생각이 있는 사람이다. 그러므로 이를 개별적인 관계를 할 때, 표현하게 해야 하고 또 이를 그/녀나 조직 안에서 어느 정도 적용해 주어야 한다. 그래야 AP의 폭발을 막을 수 있다. AP가 폭발하지 않는다면 조직의 평화를 위해서 무척이나 필요한 존재이다. 더욱이 조직을 감싸 안기보다는 늘 공격하기를 주저하지 않는 AR이 조직의 리더로 있을 때에는 더욱더 필요하다. 또한 두 사람 다 '행동형' 에너지를 가진 사람들이기에 소통의 자리에 역동적인 활동이 포함된다면 더욱 효과적일 수 있다.

AR과 AR. 참 철저한 두 사람이 만났다. 그래서 흠 잡을 데 없이 서로 간에 일을 처리한다. 그래서 둘 사이에는 늘 긴장감이 감돌고 다른 사람들이 낄 여유가 없다. 이런 분위기가 조직 안에 넘쳐서 숨을 크게 쉬기 어려울 때도 있을 것이다. 웃기조차 힘든 분위기 속에서 창의성이 나타날 여유가 없다. 살얼음판 같은 조직 분위기는 퇴근하고 나면 두 사람 혹은 모두를 녹초로 만들어버리고, 다음날 출근이 망설여질 수도 있다. 두 사람은 매일 출근 전에 이런 이야기로 마인드컨트롤을 해야 한다. '그럴 수도 있다!' '상대의 모습이나 태도 속에서 화가 나는 것은 그의 잘못이라기보다는 내 안의 문제일 수 있다!' 이렇게 이완한 후에야 하루를 바로 시작할 수 있을 것이다. 또한 서로 간에 불만이나 제안들을 미리미리 적어놓았다가 아주 평안한 시간에 이를 나누어봄으로써 상호 간에 그리고 조직 안에 새로운 환기를 위한 조정을 할 필요가 있다.

항상 조직 안에 FI, AC, AR 이 세 사람이 문제의 중심에 서 있다고 할 수 있다. 그만큼 이 세 사람이 다른 9가지 유형 중에서도 가장 두드러진 독특성을 가지고 있기 때문이며 매우 강한 성격을 지니고 있기 때문이다. 그러므로 조직의 리더가 이와 같은 유형에 속한다면 자기를 조정하고 안정화시키는 방법을 익힐 필요가 있다. 또한 관계에서 일어나는 어려움들을 미리 파악하고 이를 위한 해법을 익숙하게 사용할 수 있도록 준비할 필요가 있다. 그렇지 않으면 조직원으로 있어도 쉽지 않은 문제가, 리더로서 더 크게 부각될 가능성이 크고 이 모든 것이 조직의 소통과 안정화에 악영향을 미칠 가능성이 크기 때문이다.

AR의 예를 들어보자.

### 1) MBC 드라마 '파스타' - 최현욱 역

기본특징, 항상 완벽함을 추구하고 자신뿐만 아니라 함께하는 모든 구성원에게도 이런 완벽함을 요구한다. 무엇보다 자신만의 프레임이 있다. "여자는 내 주방에 있을 수 없다!"라는 대사와 원칙은 AR인 최 셰프만의 프레임을 잘 보여주는 것!

원리원칙, 공정(객관). 파스타 3회에서 여자 요리사는 안 된다며 모두 내보낸 최 셰프(이선균)지만 파스타 요리사를 뽑는 '블라인드 테스트'에서 유경(공효진)이 실력으로 뽑히자 사적인 감정을 뒤로하고 결과를 받아들인다. 원리원칙주의자이긴 하지만 자신만의 프레임을 깨는 것이 쉽지 않은 AR이기에 이는 사실 굉장히 어려운 일이다. 극중에서 최 셰프가 심통을 부리기는 하지만 그래도 이를 인정하고 받아들이는 모습은 성숙한 AR이라고 볼 수 있다. "서유경은 나를 좋아한다. 하지만… 나는 서유경을 사랑한다. 내가 셰프로서 신임을 잃을 만한 행동을 한 점 인정한다. 하지만 내가 서유경을 사랑했다는 사실에 대해 용서를 빌 마음은 전혀 없다. 따라서 나는 셰프의 자격이 없다. 고로 나는 지금 이 주방을 깨끗하게 떠나겠다." 15회에서 자신이 사랑하는 여자에 대한 사랑과 원칙을 지키고자 최선을 다하는 모습에 AR성향이 잘 보인다. 심지어 서유경의 아버지에게, 유경이가 요리한 음식을 대접하게 되는데 아버지는 먹기 전에 최 셰프에게 먼저 검증을 받으라고 한다. 평소 서유경을 감싸고 있다는 주방 식구들의 눈초리에 스트레스를 받던 그여서인지 자신의 입맛이 더욱 엄격해진 탓인지 서유경에게 잇따라 실패라고 얘기한다. 그녀의 아버지 앞에서까지 냉정한 판단을 내리고 있다는 사실을 간과한 것이다.

## 최현욱의 이야기 속에 나타난 AR

#1

최현욱(이선균) : 거기 니 자리 아니다.

서유경 : 예? 아 예...

최현욱 : 영사님 테이블이 무슨 메뉴 시켜도 실수하지 않을 만큼
재료랑 소스랑 다 있는지 일일이 체크해.

서유경 : 세프. 영사님이 오늘 무슨 파스타 시키실지 저 아는데...
봉골레 시키실걸요?

최현욱 : 그걸 니가 어떻게 알아?

서유경 : 그냥...

최현욱 : 그냥?

서유경 : 아마도...

최현욱 : 아마도는 개뿔이 진짜.
(서유경에게 들고 있던 행주 던지면서) 아마도가 뭐냐 아마도.
니가 무슨 점쟁이냐? 아마도로 돈 주는 거 그 돈 받게?

서유경 : 영사님은 오실 때마다 늘 까다롭긴 하신데,
한번도 같은 파스타를 시키신 적이 없어요.
우리 파스타가 총 30가진데 이제 딱 하나 남았거든요. 안 시키신 게. 봉골레!

최현욱 : 그래서 아마도?
그래서 아마도 봉골레? (젓가락을 집어 들고 서유경에게 다가간다) 음?
너 일로 와봐.

서유경 : (뒷걸음질 치며) 아니 한번도 같은 파스타 시키신 적이 없고...
항상 새로운 걸 드시는 게 취향일 수도 있잖아요.
제가 고객카드 봤는데 거기에 지금까지 시키신 파스타가 그렇더라구요.

최현욱 : 조개 알러지가 있어서 일부러 봉골레 한번도 안 시킨 걸로 하자. 어? 어?

서유경 : 해산물파스타 시키실 때 조개 빼달라고 하신 적 없거든요?

진짜 봉골레일 가능성이 커요.

최현욱 : 30분의 1 복권 긁지 말고.

(서유경에게 머리를 박치기하며) 일일이 재료나 체크해. 알았나?

서유경 : 예 셰프.

#2

(서유경의 아버지가 레스토랑에 오셔서 서유경은 아버지와 최현욱 앞에서 요리한다.)

아버지 : (그 모습을 지켜보다가 최현욱에게 말한다.)

쟤까지 입으로 좋다는 남자 처음이라

내가 하도 신기해서 염치 불구하고 와봤어. 괜찮지?

최현욱 : 아 그럼요.

아버지 : 나는 아까 먼저 간 그 남자가 더 마음에 드는데.

최현욱 : 네?

아버지 : 쟤는 내 말 잘 안 들으니까 걱정 안 해도 돼.

최현욱 : 예. (아버지 눈치를 보다 서유경을 쳐다본다.)

서유경 : (완성한 요리를 아버지 앞에 내밀면서) 드셔보세요. 아버지.

아버지 : 왜 나한테 먼저 내밀어?

서유경 : 왜?

아버지 : 아. 니 셰프한테 허락받아야 홀에 나가는 거 아니야?

여기까지 왔는데 하던 대로 해야지.

내가 그러려고 셰프가 만들어준다는 거 안 먹고 니 거 먹는댔지.

니가 뭐 예뻐서 그런 줄 알아? 아 어서.

최현욱 : 아 예. 그럼.

서유경 : 내가 아버지 드리려고 한 건데 오죽 맛있게 했겠어요?

최현욱 : (한입 먹어보더니) 다시.

아버지 : 아. 뭐해? 다시 하라잖아. 셰프가.

서유경 : 네...

(다시 만들어서 가져온다.)

최현욱 : (아버지가 고갯짓하자) 예.

(한입 맛을 보고 포크를 내려놓으며) 다시.

서유경 : 예. 셰프...

(다시 요리해서 가져온다.)

최현욱 : (다시 맛을 보더니) 다시.

아버지 : 크흠. 날 새겠구먼...

서유경 : 다시 하겠습니다. 셰프.

아버지 : 하루 종일! 이러고 일하냐. 여기서?

서유경 : 아버지...

(서유경이 들고 있던 접시를 가져다가 세게 쾅 내려놓는다.)

아버지 : (최현욱을 쳐다보며) 얼마나 잡았으면 얼굴 한번 봐라.

이게 어디 사랑에 빠진 계집애 얼굴인가.

이것저것 안 따지고 그냥. 마냥 자네가 다 좋다고 바보같이 털어놓을 때부터

내가! 손에 프라이팬이 안 잡히더니.

서유경 : (울먹이며) 아버지... 나 괜찮아요. 아버지...

안 그래도 못 하는데 쪽팔리게 왜 그래... 그만 해요 아버지...

아버지 : 너만 쪽팔리냐?! 나도 쪽팔린다.

최현욱 : 아버님 저기 그게...

아버지 : 뭐!!!

최현욱 : 딱 한 번만 더 해보라고 하면 안 되겠습니까?

아버지 : 뭐가 어쩌고 어째?

서유경 : 아버지! 아 저 아버지!!

최현욱 : 나가봐~~~ 나가보라니까?

서유경 : 아버지 앞에서까지 그래야 해요?

손님 테이블에 나가는 것도 아니고!

내가 만든 거 난생처음 드시러 오신 아버지 앞에서

이렇게 퇴짜 맞는 거 보여줘야 해요? 꼭?

최현욱 : 미안하다.

서유경 : 내가 요즘 참고 있으니까 내가 돌덩인 줄 알죠?

최현욱 : 울지 마. 미안하다.

내가 셰프인 이상 내가 직접 만들지 않아도

내 테이블을 거쳐 나가는 건 다 내 접신데

내 입장에서 그럼. 너희 아버지한테 처음으로 내보내는 내 접신데.

그럼 나는 대강 내보내고 싶겠냐?

너희 아버지한테 잘 보이고 제대로 보이고 싶어하는 내 입장 이해 못 해?

서유경 : 아. 몰라요. 다 듣기 싫어요!

그놈의 맞는 소리, 바른 소리 이제 지겨워 죽겠어!

이제 안 들을래요! 아버지 앞에서 너무해요. 셰프!!

최현욱 : 알겠어. 미안해... 울지 마...

아 그니까 처음부터 잘 하든가!

### 2) tvN 드라마 '굿와이프' - 이태준 역

정치인, 재계 거물, 심지어 검찰선배까지 죄가 있으면 가리지 않고 잡아들이는 '대쪽검사'로 유명했다. 남자다운 외모에 묵직한 저음의 목소리. 친구들에 대한 의리를 지킬 줄 알고 입이 무겁다. 타고난 리더라는 평판. 그를 아는 사람들은 그가 검찰총장, 혹은 그보다 높은 지위까지 올라갈 것을 의심하지 않았다. 아름답고 내조 잘하는 아내 혜경에 공부 잘 하고 쑥쑥 잘 크는 아들 지훈과 딸 서연까지. 세상에 더 바랄 게 없다. 문제가 있다면 맺고 끊는 것이 분명한 태준의 성격. 그래서 친구만큼 적도 많았다. 자신만의 프레임이 강하다 보니 한편으로 편파적으로 보일 수 있다. "당신만 정의를 세운다고 원칙적이라고 착각하지 마." (극 중 김혜경(전도연)이 이태준(유지태)에게 하는 대사)

#### 이태준의 이야기 속에 나타난 AR

#1

이태준 : 비자금 수사가 이렇게 끝나면 안 된다고 믿는 날 믿고 지지해 주는

사람들이 있어.

(목소리를 점점 높이며 흥분해서 말한다)

정의가 실현되어야 한다고 믿는 사람들!! 어?!

**#2**

(이태준 검사 국회의원 출마 기자회견)

이태준 : 존경하는 국민 여러분!

전 이곳 세양시에서 새로운 정치의 승리를 일궈내겠습니다.

세양 시민 여러분들이 정의로운 미래를 꿈꿀 수 있도록

혼신의 힘을 다하겠습니다.

**#3**

(기자회견장 단상 위에 이태준 검사가 서 있고 많은 취재진들이 플래시를 터뜨리고 있다.)

이태준 : 전 과거, 정재계 밀착관계를 수사하면서 조 대표에게 협조를 받았습니다.

그러나 검찰에서 주장하는 것처럼 조 대표에게 뇌물을 받은 적은 전혀 없었습니다.

그럼에도 불구하고 친분이 빌미가 되어 조 대표는 검찰에 소환되고 표적수사를 받았습니다.

조 대표는 검찰 측에서 저에 대한 불리한 진술을 요구하며 심하게 압박하고 있다고 고백했습니다.

조 대표는 결국 검찰의 압박을 이기지 못하고 마지막 결단을 내렸습니다. 그리고 검찰은 저를 다시 감옥에 가두어 그 누구도 비자금에 대해 얘기하지 못하게 막으려고 하고 있습니다!

전 이번 사건을 바로잡지 못하고 힘없이 물러나는

제 인생의 두 번째 실수를 저지르고 싶지 않습니다.
정의가 이번 일의 핵심이 되어야 합니다.
진짜 범죄자들을!!! 잡아야 합니다!!!

### 각 유형별 리더와 팔로우의 특징

| 유형별 특징 | 상사 | 부하직원 |
|---|---|---|
| TI(사고-연구형) | 재미없고 일만 잘하는<br>부장님 생각이 난다 | 느리고 상황파악을<br>잘 못하는 부하직원 |
| TL(사고-안정형) | 언제나 그 자리에 계신 우리 부장님 | 안정적인 분위기를 위해서<br>목숨 거는 부하직원 |
| TE(사고-재미추구형) | 매우 재미있는 상사,<br>그러나 조금은 가벼운 그/녀 | 언제나 분위기 메이커,<br>그만큼 인정받고 있을까? |
| FI(감정-자기중심형) | 매우 역동적이고<br>자유로운 조직의 리더 | 실력도 있지만,<br>종잡을 수 없는 그/녀 |
| FA(감정-성취형) | 위로만 달려가려 하는 부장님 | 성공의 기회라면<br>썩은 줄이라도 잡겠다! |
| FH(감정-도움형) | 언제나 돕기만 하는 우리 부장님 | 누군가를 도와야 한다!!! |
| AC(행동-도전형) | AC부장이 있는<br>조직, 발전과 와해 사이 | 내가 대장이 되어야 하는데... |
| AP(행동-평화형) | 참고만 있는 부장,<br>그러나 그가 폭발한다 | 내가 조금 희생하면<br>모두가 편해지겠지? |
| AR(행동-개혁형) | 보기만 해도 힘든 부장님 | 여기는 아직도 멀었어! |

아트그램(Artgram)시리즈 ❶ 소통미학 파르페(parfait)의 기술

CHAPTER

6

# 아트그램 프로그램의 실제

# 아트그램 프로그램의 실제

### 첫 번째 에피소드. 김 과장과 부장

**(KBS 예능 – "개그콘서트, '불상사'코너의 김 과장편")**

여기서 부장은 전형적인 AR이다. 부하직원의 부족함을 자신의 틀로 바라보며 끊임없이 '꼰대'짓을 한다. 사사건건 잔소리에 지적질인 것이다. 그의 눈에는 부하직원들이 모두 다 월급도둑으로 보인다. 하나같이 나 때는 그러지 않았던 일을 행한다. 답답하다. 자를 수만 있으면 당장이라도 자르고 싶다. 반대로 부하직원들에게는 만나면 피곤한 상사이다. 여기서는 조금 재미있게 만들려고 부장이 좀 빈틈이 있지만 실제 AR은 이런 빈틈도 허용하지 않는다. 그러나 여기서도 AR부장의 성격은 그대로 드러난다고 봐야겠다.

반대로 여 인턴과 그를 추천한 김 과장은 지나치게 밝은 FI라고 할 수 있다.(앞의 chapter에서는 TE라고 분석했지만 개그 프로그램인 이 코너에서는 그렇다.) 틀을 싫어하고 톡톡 튀

는 언행을 즐긴다. 그러나 센스가 있어서 임기응변적인 과제 처리에 능숙하다. 때문에 위기도 잘 극복한다. 실제로는 조금 더 과격한(?) 감성이 드러나지만 개그 프로이기에 조금 더 부드럽게 만들었을 것이다. 그러나 틀이나 상하관계에 매이지 않고 자신을 그대로 드러내기를 좋아하는, 센스도 매우 탁월한 전형적인 FI라고 하겠다.

이 두 사람이 만나면 항상 전쟁이다. 틀을 지키려는 자와 틀을 무너뜨리려는 자의 전쟁이다. 대부분 AR이 표면적으로 이기는 듯하나 실제로 AR은 결코 FI를 이길 수 없다. FI의 임기응변적 센스와 탁월한 감각은 공격적인 AR의 부족함을 여실히 드러내기 때문이다. 여기서도 김 과장이 부장을 완전히 '넉다운'시킨다. 실제로도 그렇다. 그러나 상하관계나 지위의 영역이 더 분명한 곳에서는 FI가 이를 견디기 싫어서 잠수를 타거나 사표를 던져버리는 경우도 왕왕 있다. 그러므로 이 사이의 전쟁을 해결하지 못하면 조직의 분위기나 조직소통은 완전히 망쳐버릴 수 있게 되는 것이다. 그러므로 아트그램적인 접근이 더욱 요구된다.

### 두 번째 에피소드. 송 과장과 신입사원
### (KBS 예능-"개그콘서트, '불상사'코너")

재미있는 입담과 지적 반전 개그를 하는 송 과장은 전형적인 TE라고 할 수 있다. 물론 개그 프로그램의 특성상 과하게 표현되는 점이 있지만 지적인 관심과 지적인 반전 개그는 TE를 대변한다고 하겠다. 이런 TE는 지적 에너지가 중심이기 때문에 지적인 부분에 매우 관심이 많다. 그래서 신입사원의 보고서를 매우 꼼꼼하게 읽어본다. 그리고 그 한계와 장점을 정확하게 지적한다. 그 내용을 너무 잘 파악하기 때문에 극적으로 반전적인 반응을 보일 수 있는 것이다. 또한 TE의 중심 에너지인 '재미'는 부하직원을 지적으로 골려주려는 의도에서 분명히 나타난다고 하겠다.

신입사원은 같은 사고형의 에너지를 소유했지만 그 유형은 조금 다르다. 그는 오리지널 머리형인 TI이다. 주어진 업무를 매우 정확하게 처리하지만 속도가 늦다. 변화무쌍은 반전개그를 펼치는 송 과장을 따라가지 못하고 매번 당황해 한다. 그러면서도 늘 그 자리를 지키는 것은 TI의 특징이라고 할 수 있다. 번뜩이는 재치보다는 꾸준함과 완성도가 그의 능력이다.

두 사람 사이의 문제는 첫째 속도이다. TI는 모든 유형 중에 가장 느린 속도를 자랑(?)한다. TE는 사고형 중에서 가장 속도가 빠른 편이다. 그러므로 TE는 TI가 조직의 속도를 맞출 수 있도록 독려하고 미리 과제를 알려주는 배려도 필요하다. 왜냐하면 TI 작업의 완성도는 누구도 따라올 수 없기 때문이다. 속도를 보완할 수만 있다면 조직의 완성도를 위해 TI는 꼭 필요한 존재이기 때문이다. 둘째는 재미이다. TI는 재미와는 담을 쌓은 사람이다. 그 나름대로 개그를 해도 아무도 웃을 수 없다.

개그가 너무 어렵기 때문이다. 그러니 TE가 볼 때 참으로 답답하게 여겨질 뿐이다. 그러나 이 부분은 노력한다고 되는 것이 아니다. TE가 TI를 계속해서 부하직원으로 두기를 원한다면 이를 포기해야 한다. TI가 억지로 재미를 흉내 내다가는 팀 분위기를 얼릴 수 있기 때문이다. TI 입장에서는 과제를 미리 알려고 노력해야 한다. TE가 알아서 챙겨주는 스타일이 되지 못하기 때문에 자신의 일은 먼저 챙기도록 해야 한다. TI 스스로도 재미는 포기하라. 재미없다고 일이 안 되는 것은 아니기 때문이다. 괜히 되지도 않는 재미를 채우려다 본인과 함께하는 모든 사람을 더 힘들게 할 수도 있다.

### 세 번째 에피소드. 부장과 신입사원
### (KBS 예능–"개그콘서트, '불상사'코너")

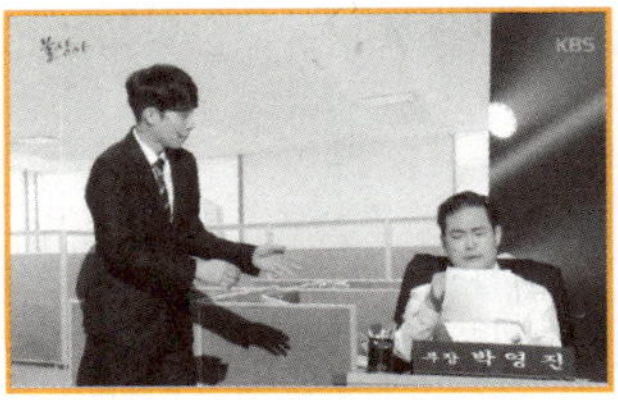

부장은 첫 번째 에피소드에서 말했던 것처럼, AR이다. 정해진 틀을 이미 가지고 있는 '꼰대'이며, 끊임없이 부하직원의 실수와 잘못을 지적하는 사람이다. 그에게 부하직원들은 아직도 한참 공부해야 하는 '풋내기'에 불과하다. 그런데 신입사원은 오죽할까? 사사건건 신입사원을 지적한다. 그러나 신입사원은 TI이다. 감정적으로 상처를 입지는 않지만 계속해서 이해되지 않는 몸짓과 표정을 짓는다. 정말로 이해되지 않기 때문이다. 이 두 사람이 만날 때는 AR이 충분히 기다려줄 필요가 있다. TI가 이해를 완료했다면 그의 작업은 누구보다도 AR의 마음에 들기 때문이다. 다만 AR 스스로 행동형의 에너지를 잘 조절해서 먼저 화를 내거나 불필요한 행동을 삼갈 필요가 있다. 왜냐하면 AR의 정당한 지시조차도 '꼰대질'로 오해받을 수 있기 때문이다.

TE인 송 과장의 태도도 AR부장에게는 너무 답답한 부분뿐이다. 속도는 신입사원보다 빠르지만 여전히 부족한 부분이 보인다. 그런데 송 과장은 이를 통해서 업무와 조직에 대한 흥미를 TI인 신입사원보다 훨씬 더 쉽게 상실할 수 있음에 유의해야 한다. 사고형의 에너지를 소유한 송 과장은 비교적 업무를 잘 처리하고 있었는데, AR부장의 지나친 간섭이나 지적으로 인해 기존의 업무능력과 속도를 한꺼번에 잃어버릴 수 있기 때문이다. AR, AC, FI의 공격성이나 심한 기복이 이처럼 조직원들에게는 큰 부담이나 리스크(risk)가 될 수 있음을 기억할 필요가 있다.

### 아트그램 방법을 통한 조직소통 솔루션

**1단계** 먼저 갈등관계에 있는 당사자들의 아트그램 성격을 분석한다.

**2단계** 이를 서로에게 잘 설명하여 이해시키고 이 둘 사이의 관계에서 가장 위험한 부분과 그 솔루션을 아트그램의 방법론을 가지고 함께 나눈다.

**3단계** 나누어진 서로의 관계 솔루션을 다시 한 번 회상하면서 각자의 관계 솔루션 과제를 가지고 다음 회기에 만나 그 경험과 피드백을 나눈다.

**4단계** 새로운 관계 설정과 새로운 과제를 다음 회기 때까지 시도해 보고 다시 피드백을 나눈다.

**5단계** 완성된 조직관계를 정리하고, 지속할 수 있도록 서로 힘을 주는 과제를 하고 종결한다.

### 아트그램의 조직 솔루션 실제 프로그램

| 진행순서 | 진행내용 | 진행시간 |
|---|---|---|
| 1. 아트그램의 이해 | 아트그램의 기본적인 내용을 설명하고, 각자의 아트그램 유형을 이해하게 한다. 가능하다면 진단검사를 통해서 자신의 유형을 파악한다.<br>1) 개념 설명과 이해(1h)<br>2) 실습 : 나와 남의 장&단점 이해하기(30m)<br>3) 실습 : 네 개의 모험담 나누기(30m) | 총 2시간~2시간 30분 소요 예상 |
| 2. 조직 내의 갈등 해결과 소통법 | 조직 내 조직원들 사이의 갈등을 이해하고, 이를 해결하고 상호 소통하는 방법론을 익힌다.<br>4) 개념의 설명과 이해(1h)<br>5) 갈등 영상을 보면서 조직 갈등과 소통법 이해하기(30m)<br>6) 조직체계 진단(1h) | 총 2시간 30분~3시간 소요 예상 |
| 3. 조직과 개인의 갈등 해결과 성장법 | 조직과 개인 간의 갈등을 이해하고 이를 해결하며, 조직 안에서의 개인의 성장에 대한 방법 모색하기<br>7) 개념의 설명과 이해(30m)<br>8) 그림카드를 통한 조직갈등의 솔루션 모색(30m)<br>9) 그림카드를 통해 조직 안에서의 자기 인생의 전체 로드맵 그리기(30m) | 총 1시간 30분~2시간 소요 예상 |

### 1) 나와 남의 장&단점 이해하기

아트그램의 조직과 개인 이해 강의를 들은 후, 아트그램에 비추어볼 때 자신의 장점과 단점을 상징으로 표현하고 조원들이나 팀원들의 아트그램적인 장&단점을 살펴본 뒤 이를 상징으로 표현한다. 이를 돌아가면서 설명하고 서로의 피드백을 나누면서, 자신과 타인 그리고 조직의 역동을 이해한다.

### 2) 네 개의 모험담 나누기

주어진 네 개의 모험담을 듣고, 각 단계에 맞는 자신만의 솔루션을 그림으로 표현한다. 이를 통해 내, 외적인 어려움을 대하는 자신의 대처방안과 태도를 나누면서 아트그램적인 자신의 특징을 점점 명확하게 이해하기 시작한다.

### 네 개의 모험담

미리 제시된 이야기를 가지고 네 개의 모험에 관한 이야기를 만드는 것이다.

**목 표**

① 스트레스와 고통을 이기는 방법을 모색한다.

② 무의식에 있는 능력을 자각하여 자신에 대한 긍지를 갖도록 한다.

**준비물**

용지, 크레파스(색연필)

**실 시**

**① 강 건너기**

숲속에 길이 나 있고 그 길을 따라 내려가니 무섭게 흐르는 강이 있습니다. 이 강을 어떤 방법으로 건너가시겠습니까?

이것을 그림으로 그려보세요!

**② 동물 만나기**

가파른 산길을 따라 올라가다가 잠시 쉬는 도중 올려다보니 아주 무서운 동물, 내가 싫어하는 동물이 자신을 향해 다가오고 있습니다. 어떻게 하시겠습니까?

이것을 그림으로 그려보세요.

**③ 괴물에 대한 대처**

산속을 가고 있는데 날씨가 갑자기 변하여 비바람이 쏟아져 어딘가 몸을 피할 곳을 찾아야 합니다. 주위를 둘러보니 동굴이 하나 있는데 동굴 입구 양쪽에 두 괴물이 버티고 있습니다. 그래도 동굴 안으로 들어가야 합니다.

어떻게 들어갈지 그림으로 그려보세요.

④ **동굴 안에 있는 사람**

겨우 동굴 안으로 들어가 하루 종일 지친 몸을 추스르고 있는데 동굴 안에서 무슨 소리가 들려옵니다. 동굴 안에 누군가가 있는 것 같아요.

동굴 속에 누가 어떤 모습으로 있는지 그려보세요.

## 그림을 통한 대화

① **강 건너기 : 문제해결**

- 외부의 도움을 받는 방법
- 자신이 독립적으로 수행하는 방법

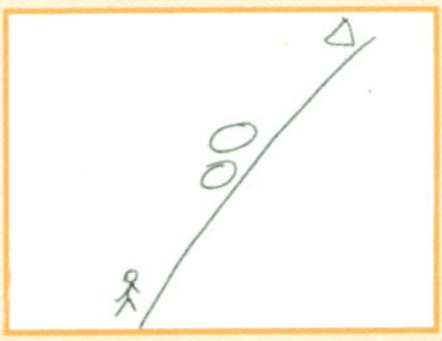

② **동물 만나기 : 적대적 상대를 만났을 때의 대처**

- 피하는 경우
- 같이 도전적으로 싸우는 방법
- 수동적으로 피하지도 싸우지도 않고 무시하는 방법
- 달래거나 타협하는 방법

③ **괴물에 대한 대처 : 통제하고 조정하는 방식**

- 피하는 경우
- 같이 도전적으로 싸우는 방법
- 수동적으로 피하지도 싸우지도 않고 무시하는 방법
- 달래거나 타협하는 방법

④ 동굴 안에 있는 사람 : 자신이 편하다고 느끼는 사람과의 관계

### 3) 갈등 영상을 보면서 아트그램 조직소통 이해하기

주어진 영상들을 보면서 등장인물의 아트그램 유형을 나름대로 분석해 보고 그들의 장점과 단점 그리고 관계에서의 솔루션을 '상징'으로 표현하고 서로 나누어본다. 이를 통해 아트그램 조직소통과 갈등해소의 방법을 익히기 시작한다.

### 4) 조직체계 진단

첫 번째로 전지 혹은 2절지를 제공하고, 조직원 혹은 팀원들이 어떠한 언어적 상의나 암묵적 상의를 하지 않은 상태에서 그림을 그리게 한다. 그림이 완성되면 과정 가운데서 일어났던 서로 간의 느낌(답답함, 암묵적 리더, 암묵적 팔로어, 소극적인 사람 등)을 나누고, 작품제목을 붙인다. 이를 통해서 서로의 아트그램 유형을 이해한다. 두 번째 전지에는 서로 간에 자유롭게 상의하면서 그림을 그리고 작품제목을 정하게 한다. 앞에서 이해한 아트그램 유형의 특징을 분명하게 경험한다. 첫 번째 그림과 두 번째 그림 작업의 차이점에 대해 이해하게 하고 서로 나누게 한다.

### 5) 그림카드를 통한 조직 솔루션 찾기

자신이 생각할 때 먼저 우리 조직의 특징이 가장 드러난다고 생각하는 연상카드를 정하고 그 제목을 정한다. 그리고 그 이유를 서로 나눈다. 다음은 우리 조직의 문제라고 생각하는 부분이 연상되는 그림카드를 찾고 제목을 정한 다음 그 이유를 서로 나눈다. 마지막으로 그 문제의 솔루션이 될 만한 부분이 연상되는 카드를 찾고 제목을 정한 다음 그 이유를 서로 나눈다. 조직의 문제와 솔루션을 가장 잘 정한 사람을 선정하여 '베스트 솔루션'상을 준다.

### 6) 그림카드를 통해 자기 조직 안에서 미래 찾기

조직에 들어오기 전의 자기 모습이 연상되는 카드를 찾고 제목과 이유를 정한 뒤에 나눈다. 두 번째는 조직에 들어온 후 자신의 모습이 연상되는 카드를 찾고 제목과 이유를 정한 뒤에 나눈다. 세 번째는 이 조직에서 내 꿈을 완성했을 때의 나를 연상하는 카드를 찾고 제목과 이유를 나눈다.

솔루션 카드 가운데서 조직에 들어오기 전과 후에 차이가 난 이유가 연상되는 카드를 찾아서 제목과 이유를 밝힌다. 다음 조직 안에서 나의 꿈을 완성하기 위해 내게 필요한 것이 연상되는 카드를 찾아서 제목과 이유를 밝힌다. 다 이야기되었으면 전체 카드를 파노라마 형식으로 펼쳐서 자기 조직 안에서의 로드맵을 다시 한 번 더 정리해 나눔을 가진다. 다 진행되었으면 각자 전체 진행에 대한 느낌을 나눈 뒤 마친다.

이것들 외에도 수많은 유용한 '아트그램'적 방법론이 있다. 그 부분은 다른 책에서 더 자세하게 설명하기로 하겠다.

# 에|필|로|그

너무 많은 욕심을 가지고 이 책을 쓰기 시작했기에 너무 많이 아쉽다. 하지만 분명한 것은 모든 사람의 마음이 행복했으면 하는 것이다.

마음의 행복. 너무 어렵지만 어떻게 보면 너무 간단하기도 하다. 그 마음 행복의 비결을 마지막으로 이야기하려 한다.

"시작하면 된다."

태산 같은 파도 앞에서 모두가 두려워 떨고 있어도, 자세히 보면 그 파도 앞에서 서핑하는 사람들이 있다. 그것도 매우 행복한 표정으로 말이다. 어떻게 저게 가능할까? 파도를 보고 이기고 싶은 마음이 들고 서핑보드를 조금씩 배워가면 되는 것이다. 그러던 어느 날, 파도 앞에서 여유 있게 웃으면서 서핑하게 되는 날이 오는 것이다.

조직의 마음도 마찬가지이다. 세상에 쉬운 일이 어디 있는가? 때로는 입술 한번 떼는 것이 세상을 둘로 나누는 것보다 더 힘들 경우가 있다. 하지만 입술을 한번 떼면 그 뒤로 말하는 것이 훨씬 수월해진다. 이 책에 제시된 방법들이 도움이 되길 바란다.

오늘도 모든 사람들의 마음과 모든 조직의 마음이 행복해지기를 바란다. 오늘 함께 시작하면 된다. 이 책과 함께 모든 독자들이 '파르페'를 외치기 바란다.

# 참|고|도|서

김계현 지음(1997), 상담심리학, 서울 : 학지사

돈 리처드 리소, 러스 허드슨 지음 / 김순미 옮김(2016), 에니어그램의 이해, 서울 : 미래를소유한사람들

돈 리처드 리소, 러스 허드슨 지음 / 주혜명 옮김(2015), 에니어그램의 지혜, 서울 : 한문화멀티미디어

레니 바론, 엘리자베스 와겔리 지음 / 주혜명, 한병복, 염지선 옮김(2014), 나를 찾는 에니어그램 상대를 아는 에니어그램, 서울 : 연경미디어

로웬필드, 브리테인 지음 / 서울교육대학교 미술교육연구회 옮김(2011), 인간을 위한 미술교육, 서울 : 미진사

릴리안 베르너 본즈 지음 / 한창환 옮김(2008), 몸과 마음을 치료하는 색채, 서울 : 도서출판 국제

마르틴 부버 지음 / 김천배 옮김(2000), 나와 너, 서울 : 대한기독교서회

마르틴 하이데거 지음 / 이기상 옮김(2005), 존재와 시간, 서울 : 까치글방

산드라 마이트리 지음 / 황지연, 김세화 옮김(2016), 에니어그램의 영적인 지혜, 서울 : 한문화

송경희 옮김(2015), 성인 및 노인심리학, 서울 : 시그마프레스

알프레드 아들러 지음 / 홍혜경 옮김(2016), 아들러의 인간이해, 서울 : 을유문화사

엘리자베스 와겔리 지음 / 김현정 옮김(2013), 에니어그램으로 보는 우리 아이 속마음, 서울 : 연경문화사

이디스 크레이머 지음 / 김현희, 이동영 옮김(2011), 치료로서의 미술, 서울 : 시그마프레스

이무석 지음(2008), 정신분석에로의 초대, 서울 : 도서출판 이유

잭 트레시더 지음 / 김병화 옮김(2007), 상징이야기, 서울 : 도솔출판사

정옥분 지음(2012), 발달심리학, 서울 : 학지사

천성문, 이영순, 박명숙, 이동훈, 함경해 공저(2015), 상담심리학의 이론과 실제, 서울 : 학지사

최외선, 김갑숙, 서소희, 류미련, 강수현, 조효주, 박금채 공저(2015), 미술치료 열두 달 프로그램Ⅲ, 서울 : 학지사

최외선, 김갑숙, 서소희, 류미련, 강수현, 조효주, 박금채 공저(2015), 미술치료 열두 달 프로그램Ⅳ, 서울 : 학지사

최외선, 김갑숙, 서소희, 홍인애, 류미련, 강수현 공저(2016), 미술치료 열두 달 프로그램Ⅱ, 서울 : 학지사

최외선, 김갑숙, 서소희, 홍인애 공저(2012), 미술치료 열두 달 프로그램, 서울 : 학지사

케서린 H. 문 지음 / 정은혜 옮김(2010), 스튜디오 미술치료, 서울 : 시그마프레스

케시 A. 말키오디 지음 / 임호찬 역(2012), 미술치료 입문, 서울 : 학지사

테오도르 압트 지음 / 이유경 옮김(2010), 융 심리학적 그림해석, 서울 : 분석심리학연구소

하워드 선, 도로시 선 지음 / 나선숙 옮김(2013), 내 삶에 색을 입히자, 서울 : 예경

한국미술치료학회 편(2011), 미술치료의 이론과 실제, 대구 : 동화문화사

헤리어트 외드슨(Harriet Wadeson) 지음 / 강학경 옮김(2016), 미술심리치료학, 서울 : 시그마프레스

헤리어트 외드슨(Harriet Wadeson) 지음 / 장연집, 최호정, 김태은, 김안젤라, 윤혜원, 오선미 옮김(2012), 임상미술치료학(제2판), 서울 : 시그마프레스

삽화 : 주혜명, 한병복, 염지선 옮김(2014), 나를 찾는 에니어그램 상대를 아는 에니어그램, 서울 : 연경미디어 참조하여 재도안

각 캐릭터에 대한 설명 및 대사 : 각 방송 홈페이지 참고

# 저자소개


## 나 성 곤

아트그램(Art-gram) 개발자

에니어그램 18년간 임상연구

영남대학교 미술치료학과 박사

마인드스토리 미술심리상담연구소 소장

인도네시아 롬복신학대학교 교수

정부기관, 대학, 기업 등에 다수 출강 중

## 문 시 정

(주)더핀트 대표 - 경영 · 교육 · 서비스 컨설팅

Value Co-creation Partner

에니어그램 전문가 자격&미술심리자격 1급 보유

아트그램을 기반으로 한 교수법 개발 등에도 힘쓰고 있음

정치가, CEO, 방송인 미디어트레이닝

정부기관, 대학, 기업 등에 다수 출강 중

# 소통미학 파르페(parfait)의 기술

2018년 7월 15일 초판 1쇄 인쇄
2018년 7월 20일 초판 1쇄 발행

**지은이** 나성곤 · 문시정
**펴낸이** 진욱상
**펴낸곳** (주)백산출판사
**교　정** 성인숙
**본문디자인** 김윤진
**표지디자인** 오정은

**등　록** 2017년 5월 29일 제406-2017-000058호
**주　소** 경기도 파주시 회동길 370(백산빌딩 3층)
**전　화** 02-914-1621(代)
**팩　스** 031-955-9911
**이메일** edit@ibaeksan.kr
**홈페이지** www.ibaeksan.kr

ISBN 979-11-88892-61-7　03190
**값 19,000원**